BIBLIOTHÈQUE D'ÉTUDES SOCIALISTES

V

G. SOREL

L'AVENIR SOCIALISTE DES SYNDICATS

Nouvelle édition, considérablement augmentée

PARIS

LIBRAIRIE G. JACQUES & Cie

1, RUE CASIMIR-DELAVIGNE, 1

1901

PRÉFACE

Le camarade Jacques a cru utile de rééditer cet article, publié, en 1898, dans l'*Humanité nouvelle* (1); j'ai supprimé au commencement un long passage sur l'histoire et l'interprétation des idées marxistes, qui n'était pas à sa place dans une brochure; j'ai fait quelques corrections de style et j'ai ajouté des notes (2) qui me paraissent avoir, très notablement, augmenté l'intérêt du texte primitif. Sur bien des points, mon étude est incomplète; c'était un simple essai dans lequel j'avais groupé des observations recueillies pour servir à un livre que j'ai renoncé à écrire.

(1) Cette revue a remplacé la *Société nouvelle*; elle a actuellement pour directeurs MM. Hamon et Michelet.

(2) Les notes nouvelles mises au bas des pages sont précédées des lettres N. N. Les notes finales sont entièrement neuves.

BLIOTHÈQUE D'ÉTUDES SOCIALISTES

V

G. SOREL

L'AVENIR SOCIALISTE DES SYNDICATS

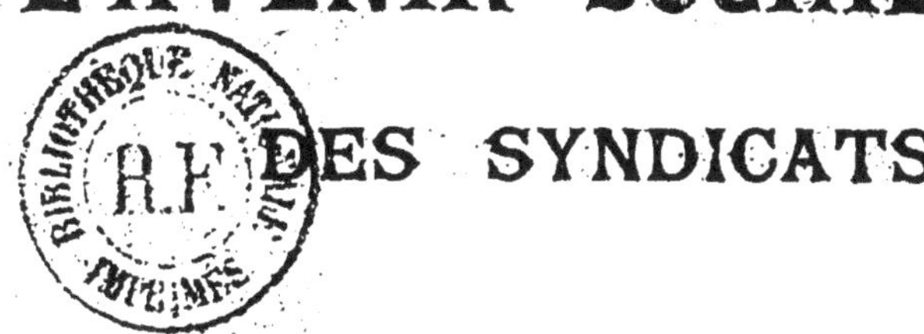

(Nouvelle édition considérablement augmentée)

PRIX : UN FRANC

PARIS

LIBRAIRIE G. JACQUES & Cie

1, RUE CASIMIR-DELAVIGNE, 1

1901

L'AVENIR SOCIALISTE

DES SYNDICATS

On ne manquera point de me reprocher de ne pas avoir traité ici certaines questions qui ont pris, dans ces derniers temps, une grande importance; je crois nécessaire de donner sur ces sujets des explications destinées à bien préciser l'esprit de cette brochure.

I. *Grève générale.* — J'ai eu l'occasion, plusieurs fois, d'exprimer ma manière de voir au sujet de la grève générale. D'après M. Sidney Webb (oracle des Fabians anglais, bourgeois qui mettent un masque socialiste, les uns par snobisme, les autres par ruse), la grève générale est une utopie qui se produit à l'origine du mouvement socialiste, une illusion de jeunesse : c'est donc, lui ai-je répondu (1), que « le *socialisme ouvrier* serait une utopie ; conclusion qui ne serait point pour déplaire peut-être à ce bourgeois. » Si le prolétariat, ai-je dit encore, est vraiment devenu assez fort et s'il est assez bien organisé pour réaliser *révolutionnairement* l'idéal d'Engels, c'est-à-dire pour faire disparaître le bloc des institutions traditionnelles de l'Etat, il doit prouver sa *force* par une lutte dans laquelle il fera valoir les moyens qu'il a constitués dans son sein. « Je ne vois pas d'autre lutte que la grève générale pour décider cette *question de force.* »

La grève générale paraît parfois un moyen

----

(1) *Revue politique et parlementaire*, juillet 1900, p. 49.

bien barbare aux partis politiques, qui trouvent plus sûr de conquérir des mandats dans les luttes électorales ; mais la conquête des pouvoirs par un parti est tout autre chose que le renversement de l'Etat traditionnel et que son remplacement par des organisations ouvrières. On a déclaré, plusieurs fois au congrès international de 1900, que le parti socialiste est un groupe de penseurs qui conduit le prolétariat et qui doit justifier la confiance que celui-ci met en lui. Le jour où ce groupe sera le maître de toutes les forces de coercition de l'Etat bourgeois, il pourra fort bien continuer à *gouverner*, imposant de nouveau aux travailleurs l'autorité *d'hommes d'Etat*.

Pour les ouvriers, la révolution est tout autre chose que la victoire d'un parti ; c'est l'émancipation des producteurs, débarrassés de toute tutelle politique (1) ; c'est la décomposition du pouvoir ; c'est l'organisation des rapports sociaux en dehors d'un gouvernement de *non-travailleurs*. La grève générale ne serait donc pas la grève généralisée sous la direction d'un parti politique, mais la révolte réfléchie des ouvriers complètement organisés et devenus capables de

____

(1) Cf. ce que Marx a écrit sur les tendances de la Commune de Paris, qui devait réaliser le libre gouvernement des producteurs. (*La Commune de Paris*, p. 39, Jacques, éditeur, Paris, 1901).

se passer des conseils de tout parti politique.

II. *La paix sociale.* — Depuis quelque temps, on prétend entraîner les syndicats dans une voie opposée à celle du socialisme, pour en faire les organes de la *paix sociale*. Les travailleurs syndiqués montrent beaucoup de défiance pour le bloc enfariné que leur présente Millerand; celui-ci semble, d'ailleurs, complètement converti aux idées des catholiques sociaux (1); cette évolution a donné lieu à certains incidents qu'il est bon de faire connaître.

A la fin du mois de juillet 1900, il s'est tenu au Musée Social un congrès qui portait officiellement pour titre « congrès international pour la protection légale des travailleurs », et que M. Y. Guyot a, fort justement, appelé une manifestation de *socialisme clérical, patronal et gouvernemental.* Une des plus importantes parmi les revues catholiques a dit que le triomphe de ses amis avait été complet dans cette réunion et que les congressistes avaient dû s'incliner devant les idées sociales de Léon XIII. Avant de se séparer, on a fondé une « Internationale de la paix », près de laquelle les divers Etats pourront envoyer des délégués; et il a été spécifié que le pape serait compris parmi les chefs d'Etat invités à participer à cette ligue de paix sociale.

(1) Cf. *Mouvement socialiste,* 1er novembre 1900, pp. 563.

Ce congrès clérical, patronal et gouvernemental avait été ouvert par une chaleureuse allo-
cution de Millerand et tout s'y est passé avec
l'appui des représentants de son administration.
L'âme de cette assemblée a été M. Jay, catholique
ardent, que Millerand a nommé membre du conseil supérieur du travail; c'est le seul professeur
de droit qui fasse partie de ce conseil; il est donc
certain qu'il y représente les théories juridiques
et sociales du ministre.

Ce sont là des aberrations passagères, dont
Millerand sera le premier à rire quand il ne sera
plus au pouvoir; mais il est essentiel que les
syndiqués se défient beaucoup désormais de
tout ce qui vient du gouvernement actuel.

III. *Les socialistes ministériels.* — Les discussions qui se sont produites aux congrès de 1900
sur l'entrée d'un socialiste dans un ministère,
ont été fort confuses; elles ont abouti à une résolution inintelligible, que chaque parti a interprétée
à sa manière; la motion Kautsky ne semble
avoir satisfait que les étudiants collectivistes de
Paris, qui prétendent l'avoir comprise (1): la
perspicacité de leur esprit dépasse infiniment la
mienne; et je les en félicite de tout mon cœur.

Je ne comprends pas ce qu'a d'anormal la
présence d'un député socialiste, *étranger au*

____

(1) *Mouvement.socialiste*, 15 octobre 1900, 474.

monde du travail organisé, dans un ministère à côté de M. Waldeck-Rousseau ; tous les jours, un avocat d'affaires (et c'est le cas de Millerand) se trouve placé dans des situations tout à fait semblables et est appelé à participer à des actes qui sont en contradiction absolue avec les principes les plus élémentaires de la justice socialiste. Sa collaboration très accidentelle et très limitée en étendue (1) au gouvernement est, certes, moins choquante que sa collaboration continue et souvent prépondérante à la direction de sociétés industrielles, — dont un avocat socialiste peut être le conseil.

Quand Millerand affirme qu'il est toujours resté fidèle au programme de Saint-Mandé, il dit l'exacte vérité. Les députés socialistes commirent une faute énorme et impardonnable quand ils firent du discours de Millerand le manifeste du parti : ce discours n'était pas du tout socialiste ; il était animé d'un esprit très nettement saint-simonien ; l'orateur ne cherchait pas d'ailleurs à donner le change et à s'autoriser de la tradition de l'Internationale (2). Beaucoup de camarades furent fort étonnés de la conduite si opportu-

(1) On oublie trop qu'un seul membre du ministère a une responsabilité générale : c'est le président du conseil.

(2) Les noms de Marx et d'Engels ne furent pas prononcés ; tandis que Millerand saluait Guesde, Vaillant, P. Brousse et honorait « la mémoire de B. Malon », il paraissait ignorer le nom d'Allemane !

niste tenue alors par les députés et ils n'ont pas cessé de s'élever contre le programme de Saint-Mandé. A cette époque nous ignorions que Millerand eût des tendances si marquées vers les catholiques sociaux ; mais cette nouvelle forme de *son* socialisme est un développement des idées de Saint-Mandé (1).

Dans ma brochure, j'ai signalé le danger du saint-simonisme, si populaire parmi les universitaires ; je suis persuadé que l'esprit saint-simonien est en contradiction absolue avec l'esprit socialiste. A propos d'un livre de Merlino, j'écrivais, il y a quelques années (2) : « On a dit bien souvent que le socialisme intégral — celui qui est plus ou moins inspiré des idées de Malon et de P. Brousse — n'est autre chose (dans ce qu'il a d'essentiel) qu'une deuxième représentation du saint-simonisme. Merlino ne prend pas garde que la caractéristique principale de la conception saint-simonienne est l'*inégalité* justifiant la *hiérarchie* ; or, il ne veut ni d'inégalité, ni de hiérarchie » ; et un peu plus loin : « le saint-

---

(1) Je crois pouvoir dire que dans les conférences tenues entre camarades avant la création du *Mouvement socialiste*, il avait été entendu que la nouvelle revue combattrait le programme de Saint-Mandé.

(2) *Devenir social*, octobre 1897, p. 861. Cette revue avait été fondée en 1895 par Bonnet, Deville, Lafargue et moi ; elle a paru chez MM. Giard et Brière jusqu'à la fin de 1898.

simonisme est hiérarchique et autoritaire ; le socialisme de Merlino est égalitaire et juridique. » Proudhon a lutté toute sa vie contre les saint-simoniens, et Marx était, complètement, d'accord avec lui sur ce point.

Le danger d'un ministre à tendances saint-simoniennes est grave en France, parce que le pouvoir exerce une action fascinatrice sur nous tous ; au lieu de chercher à nous *émanciper* par nos propres efforts, nous recherchons plutôt une *tutelle* à l'abri de laquelle nous puissions goûter du repos ; nous ne sommes pas des combattifs, des gens aimant à *conquérir nos droits* par notre propre énergie ; nous aimons à être protégés ; et le saint-simonisme se propose de protéger « les classes les plus nombreuses et les plus pauvres » ; il est paternel — comme est toute religion, au moins dans ses formules.

Depuis longtemps, une fraction importante du parti républicain cherche à *diriger* les ouvriers, à faire des syndicats ce que l'Empire avait voulu faire des sociétés de secours mutuels : des auxi-liaires du gouvernement. Je n'ai pas besoin de rappeler la rupture qui se produisit en 1880 au Havre, les incidents auxquels est mêlé le nom de M. Barberet. Nul ne saurait douter qu'en 1884 M. Waldeck-Rousseau n'ait voulu organiser le travail sous le contrôle de son administration ; l'*Office du travail* n'a pas été créé dans un autre but que celui d'attirer les syndicats, qui se défiaient du bureau de M. Barberet, placé au ministère de l'intérieur. Il se peut qu'en appelant Millerand au ministère, M. Waldeck-Rousseau ait voulu continuer et développer sa politique de 1884. Voilà le danger.

Mais je crois que le péril sera conjuré, parce qu'il a été parfaitement reconnu par les hommes expérimentés; les Bourses du travail se sont montrées fort hostiles aux projets présentés par le gouvernement; je dirai plus loin qu'il est essentiel de combattre, avec la plus grande énergie, les nouveaux Conseils du travail. Il y a tout lieu d'espérer que cette lutte ne sera pas vaine; et elle serait plus efficace si les ouvriers n'étaient pas détournés de leurs affaires par les dissertations des métaphysiciens de la haute politique.

IV. *Prolétariat intellectuel.* —Quand j'écrivais cet article en 1898, je ne connaissais pas la circulaire de l'Internationale, en date du 21 juillet 1873, dans laquelle Marx a si durement parlé « des avocats sans causes, des médecins sans malades et sans science, des étudiants de billard, ... et des journalistes de la petite presse » qui s'imposent aux groupes ouvriers comme chefs et qui trouvent ainsi dans le socialisme « une carrière et une issue ». J'ai été heureux de voir que mes appréciations sur le prolétariat intellectuel coïncidaient avec celles de Marx. Les

membres de cette classe ont une vocation irrésistible pour former un état-major « destiné à
servir d'intermédiaire entre les idées révolutionnaires et les instincts populaires » ; ils ont la prétention d'être la *classe pensante;* le peuple reste
chair à canon et bras à exploiter.

Cette classe se distingue par des tendances
extrêmement pratiques ; elle se faufile dans les
municipalités socialistes et ne tarde pas à les
corrompre. La grande préoccupation de ces gens
est la bataille électorale ; et pour gagner les
suffrages bien des moyens vils sont à la disposition de l'autorité. Ici le danger est bien autrement grand que celui qui résulte de la présence
d'un socialiste au ministère. Millerand a fait
d'excellentes réformes juridiques, qui demeureront ; l'action d'une municipalité est à peu près
nulle à ce point de vue ; elle ne peut presque
rien en matière d'enseignement populaire ; sa
force se traduit surtout par des distributions de
faveurs. Le socialisme municipal peut exercer
une action d'autant plus mauvaise qu'elle est
continue et qu'il est davantage sous la dépendance du prolétariat intellectuel : l'intérêt des
non-travailleurs domine tout ; quant au peuple,
on le gouverne par l'intermédiaire de clientèles
solidement organisées ; on lui donne du travail et
des amusements. Tout cela est le contraire du
socialisme.

Dès que le socialisme peut distribuer quelques places, il est envahi par une nuée de gens de lettres, qui tirent parti du prestige que donne en France l'éducation classique à ceux qui ont traîné leurs culottes sur les bancs des collèges, pour aboutir à devenir des êtres complètement inutiles. Dans ces derniers temps, le prolétariat intellectuel a semblé devenir l'arbitre du socialisme : il a trouvé de précieux auxiliaires parmi les jeunes libéraux que l'affaire Dreyfus avait mis en fureur et qui ont vu dans l'agitation ouvrière un moyen d'embêter les curés ; à leur suite sont venus des *snobs* qui font du socialisme avec autant de sottise qu'ils ont fait de l'anarchisme il y a sept ou huit ans ; de nouveaux Siéyès, portant de puissants projets de constitution dans leurs cervelles ; et pas mal de cuistres qui croient les socialistes assez naïfs pour se laisser régenter par des pédants, eunuques de la pensée, etc., etc.

V. *Les nouvelles méthodes*. — On parle beaucoup aujourd'hui de nouvelles méthodes, d'un nouvel esprit qui devrait inspirer le socialisme : est-ce donc que les hommes qui se disputent la *réalité* du pouvoir seraient, tout d'un coup, devenus des idéologues ? ces questions de doctrine ne seraient-elles pas, tout simplement, des questions de personnes ?

Le parti socialiste est envahi par des *ralliés,*

tout comme le parti républicain ; les ralliés sont partout les mêmes ; la maison, construite par leurs anciens adversaires, est leur propriété. Les nouveaux socialistes sont vraiment bien amusants ; ils sont grands partisans de la *dé-fense républicaine* dirigée contre les monarchistes convertis et ils s'indignent qu'on puisse parler de *défense socialiste*. Il y a longtemps que Lafargue se plaint de ce que, l'armée socialiste s'étant fort accrue, les *petits-vieux* (1) veulent avoir le pas sur les *vieux corps*. Nous faisons des progrès tous les jours ; et maintenant voilà que les *grenadieres postiches* veulent apprendre l'exercice aux vétérans. Ainsi on nous annonce une brochure de M. L. Herr, où ce secrétaire de MM. Lavisse et Ganderax, à la *Revue de Paris*, expliquera au peuple ce qu'il lui permettra d'appeler *révolution sociale*. Dans une petite revue qu'il dirige (2), M. Herr a bien osé *faire écrire* que Millerand est un plus grand penseur que Marx.

Déjà Jaurès et Millerand commencent à passer pour des vétérans ; il y a derrière eux des

---

(1) On sait qu'il y avait dans l'ancien régime une grande rivalité entre les vieux régiments et ceux qu'on appelait les petits-vieux.

(2) J'apprends, en corrigeant mes épreuves, que le secrétaire de ce *torchon (Notes critiques)* va être nommé bibliothécaire au ministère du commerce. Cela est fâcheux.

bandes affamées qui veulent arriver et éloigner tous les anciens. On escompte beaucoup la prochaine entrée de Viviani dans un ministère radical; ce serait une excellente chose, car la situation deviendrait ainsi beaucoup plus claire qu'elle n'est à présent. Le directeur de la *Lanterne* a beaucoup d'esprit; mais je crois que, même aidé des lumières de l'habile directrice de la *Fronde*, il ne parviendrait pas à s'imposer comme chef, même aux socialistes parlementaires.

Le dernier congrès national a été écœurant; les *ralliés* y représentaient un prolétariat fantaisiste; on y a signalé la présence de dames du meilleur monde, s'amusant à jouer le rôle de déléguées révolutionnaires; j'y ai rencontré un jeune universitaire, qui est attaché au cabinet Millerand, etc. Il eut été beaucoup plus sage de distribuer les cartes des groupes ministériels à des garçons de bureau : ils auraient donné à l'assemblée une apparence moins bourgeoise.

Il résulte de tout cela qu'en ce moment la situation est très confuse; les travailleurs n'ont pas à s'inquiéter beaucoup de toutes les querelles qui divisent les groupes. Les *nouveaux thermidoriens,* qui croient avoir renversé un nouveau Robespierre parce qu'ils ont créé quelques ennuis à Guesde, ont donné la mesure de leur intelligence du socialisme en acclamant dans M. de

Pressensé (1) un maître de la pensée prolétarienne ! Tout cela se calmera peu à peu ; tout cela est sans importance ; l'unité ne se fera, sans doute, pas ; et ce sera un bien ; car l'unité aboutirait à la dictature du prolétariat intellectuel. allié aux nouveaux socialistes à tendances saintsimoniennes ; et cette dictature serait le plus grand obstacle qui pût arrêter le progrès des institutions ouvrières. Les organisations actuelles ne sont pas gênantes.

Les Indépendants ont souvent dénoncé le caporalisme du parti guédiste ; mais moi, je prétends que Guesde a l'esprit bien plus libéral que la très grande masse des nouveaux socialistes. L'intolérance n'est-elle pas en proportion de l'impuissance intellectuelle ? Les étranges articles publiés par l'*Universitaire* de la *Petite République* dénotent une déplorable mentalité parmi nos apprentis dictateurs (2).

----

(1) Beaucoup de camarades ignorent que dans les grands journaux la politique étrangère (c'est la spécialité de M. de Pressensé) est le morceau de résistance ; c'est sur ces articles que le directeur exerce surtout sa surveillance, parce que c'est d'eux que dépendent les fonds secrets les plus abondants.

(2) Laubardemont ne demandait, dit-on, que deux lignes de l'écriture d'un homme pour le faire pendre ; l'*Universitaire* dénonce des professeurs dont il n'a pas lu les livres ; — c'est un progrès ; c'est *une nouvelle méthode*.

*
* *

Il n'y aura aucun danger tant que les organisations ouvrières resteront intactes ; malheureusement elles sont bien menacées ; le gouvernement de défense républicaine s'efforce de détruire le mouvement syndical socialiste, aux applaudissements des nouveaux socialistes. L'avenir des classes ouvrières est entre les mains des syndiqués : qu'ils réfléchissent mûrement à la grande responsabilité qui pèse sur eux.

Travailleurs, croyez en l'expérience d'un camarade qui n'a rien à vous demander et qui a vu de trop près les hommes pour se laisser prendre aux fantasmagories ; occupez-vous de vos affaires, c'est-à-dire organisez vos syndicats et vos coopératives ; fédérez-vous entre gens d'un même pays pour discuter des questions pratiques ; et laissez les politiciens s'injurier tout leur soûl. Vous ferez ainsi du bon socialisme.

1ᵉʳ novembre 1900.

I

Les écrivains socialistes contemporains sont
loin d'être d'accord sur l'avenir des syndicats
professionnels : suivant les uns, les syndicats
doivent jouer un rôle très secondaire, servir de
base à une organisation électorale; suivant
d'autres, ils sont appelés à mener contre la société capitaliste la lutte suprême au moyen de
grèves irrésistibles. On a donné à ces deux
thèses les dénominations assez impropres de
système politique et de système économique. Je
ne veux pas entrer dans la discussion engagée ;
je voudrais seulement appeler l'attention sur
quelques points de vue théoriques et montrer
que le matérialisme historique de Marx jette de
vives lumières sur ces problèmes : je compte
traiter, plus tard, d'une manière étendue, la théo-

rie du prolétariat révolutionnaire quand le public français aura à sa disposition les œuvres complètes de Marx et d'Engels.

Il faut, tout d'abord, prendre bien garde de confondre les *théories* de Marx avec les programmes des partis qui se réclament de l'auteur du *Capital*. « Le marxisme est et reste une doctrine, dit le professeur Labriola (1). Les partis ne peuvent tirer leur nom ni leur raison d'être d'une doctrine. » En Allemagne même, jusqu'en 1891, la social-démocratie inscrivait dans son programme des propositions dont Marx avait signalé l'erreur. Il ne faut pas, non plus, croire que tous les fruits du labeur de Marx puissent se résumer en quelques lambeaux de phrases ramassées dans ses œuvres, réunies en formulaire dogmatique et commentées comme des textes évangéliques par des théologiens (2). Les socialistes italiens se sont, depuis quelque temps, affranchis de toute su-

(1) *Essais sur la conception matérialiste de l'histoire*, p. 87 (Giard et Brière, éditeurs, 1897). — N. N. Le premier des deux essais dont se compose ce volume, a une très grande importance, parce qu'il a été écrit du vivant d'Engels et lui a été soumis. Ce premier essai s'étend de la page 21 à la page 117 : c'est à lui que se rapportent presque toutes les références de cet article.

(2) On connaît la mordante critique adressée par Renan aux positivistes : « M. Comte croit que l'humanité se nourrit exclusivement de science, que dis-je ? de petits bouts de phrases comme les théorèmes de géométrie, de formules arides ! »

perstition littérale : les rédacteurs de la *Critica sociale* (1) écrivent couramment que l'œuvre de Marx a besoin d'être complétée, que les lois historiques du *Capital* ne peuvent plus toujours être appliquées actuellement. « Le moment est venu, écrivait dernièrement un des rédacteurs habituels de cet organe du *socialisme scientifique*, de soumettre à un examen les principes fondamentaux du socialisme. A cette œuvre de discussion et de renouvellement, en quelque sorte, de notre mobilier scientifique, contribue assez bien le *Devenir social* de France... N'est-ce pas ia mission des peuples latins de modifier, développer et éclaircir, sans en altérer la substance, le contenu de la pensée germanique ? » Je crois que, dans la question actuelle, il suffit d'être fidèle à l'esprit de Marx.

Dans la doctrine de Marx, le point le plus caractéristique peut-être, celui qui justifie vraiment le nom de matérialisme historique, est celui-ci : le développement de chacun des systèmes fournit les conditions matérielles pour opérer des changements efficaces et durables dans les rapports sociaux, à l'intérieur des-

(1) N. N. — La *Critica sociale* a beaucoup changé d'aspect depuis sa réapparition en 1899 ; elle défend aujourd'hui l'union des partis populaires et combat l'intransigeance des doctrinaires ; mais avant les affaires de mai 1898, elle était regardée comme l'organe presque officiel du marxisme en Italie.

quels il s'était transformé. On sait avec quelle énergie l'école de Marx a insisté sur l'impossibilité de tenter la révolution sociale tant que le capitalisme n'est pas assez développé ; c'est à cause de cette thèse qu'on a pu accuser l'école de fatalisme, parce qu'elle limite singulièrement le pouvoir de la volonté, — même quand la force matérielle est au service d'une volonté intelligente.

Il semble que, trop souvent, on n'ait pas approfondi d'une manière suffisante le pensée de Marx : tous ses disciples disent que la révolution ne peut être l'œuvre que du prolétariat et que le prolétariat est le produit de la grande industrie ; mais ils n'observent pas assez que Marx entendait aussi que les classes ouvrières auraient acquis la capacité juridique et politique avant de pouvoir triompher.

On a souvent rapproché l'histoire du christianisme primitif de l'histoire du socialisme moderne ; il y a beaucoup de vrai dans ce rapprochement, au moins sous certains rapports. Si l'Eglise avait été seulement une école de philosophie prêchant une morale pure, elle aurait, sans aucun doute, disparu comme tant d'autres groupements ; elle était une société, travaillant à développer entre ses membres des relations juridiques nouvelles et gouvernant d'après une constitution nouvelle. Le jour où l'édit de Milan proclama la tolérance, l'empereur consacra, en réalité, l'existence d'une hiérarchie plus forte que la hiérarchie impériale et institua un Etat dans l'Etat. — L'invasion des Barbares n'a pas consisté dans une simple destruction ; aujourjourd'hui on semble d'accord pour reconnaître que les Germains ont apporté des systèmes juridiques déjà assez développés pour pouvoir exercer une influence sur les institutions, notamment sur l'organisation familiale. — Enfin, la Révolution française nous fournit un exemple très clair : ce qui nous frappe le plus est moins sa grande et bruyante tourmente que la conservation d'un système longuement développé dans le sein de la bourgeoisie.

On ne saurait se contenter de répondre aux adversaires du socialisme, quand ils demandent ce que sera la révolution prolétarienne : « est-ce que, à la veille de 1789, quelqu'un aurait pu dire ce que serait la société de demain ? » La prévision scientifique et mécanique n'appartient, en aucune façon, à aucune science sociale ; mais il ne s'agit pas de calculer ce que deviendront telles ou telles habitudes ; il s'agit de savoir *si la préparation est suffisante* pour que la lutte n'aboutisse pas à une destruction de la civilisation. M. Deschanel a raison (1) quand il

____

(1) Discours à la Chambre des députés, 10 juillet 1897. *(Officiel* du 11 juillet, p. 1942, col. 1).

soutient qu'en 1789 la bourgeoisie avait accompli ce travail de préparation. Il nous faut savoir où en est le prolétariat et déterminer les moyens qu'il emploie, en ce moment, pour se préparer.

Les utopistes cherchaient à constituer une société parfaite ; le problème est transformé (1) ; « les recherches ne portent plus sur ce que la *société doit être*, mais sur ce *que peut le prolétariat*, dans la lutte actuelle des classes ». Nous allons chercher quelles sont les conséquences de l'organisation syndicale telle qu'elle est pratiquée aujourd'hui et les considérer au point de vue de la *préparation*.

II

Les sociologistes opposent aux socialistes l'expérience de toutes les révolutions connues et demandent comment on peut accepter une

(1) N. N. — Voir ma préface au livre cité de Labriola, p. 4. Je disais à la page 3 : « Le problème du *devenir moderne* — considéré au point de vue matérialiste — repose sur trois questions : 1° le prolétariat a-t-il acquis une conscience claire de son existence comme classe indivisible ? 2° a-t-il assez de force pour entrer en lutte contre les autres classes ? 3° est-il en état de renverser, avec l'organisation capitaliste, tout le système de l'idéologie traditionnelle ? C'est à la sociologie de répondre. »

hypothèse qui n'est appuyée sur aucun exemple historique. Marx savait bien cela ; il a écrit en effet (1) : « Tous les mouvements historiques ont été, *jusqu'ici,* des mouvements de minorités au profit des minorités. »

Cette loi empirique s'explique facilement quand on se rappelle ce qu'a été la *possession de l'Etat* dans l'histoire moderne. De plus, l'Etat a joué un rôle considérable dans la formation de l'industrie actuelle (2) ; « la bourgeoisie naissante ne saurait se passer de l'intervention constante de l'Etat ». La pensée des socialistes bourgeois est dominée par les préjugés étatistes de la bourgeoisie.

Dans un livre récent, le sociologiste le plus habile que renferme l'Université, M. Durkheim, demande qu'on organise (3) des corporations et des fédérations professionnelles soumises « à l'action générale de l'Etat ». Dans les conclusions de ses discours sur l'agriculture, Jaurès

(1) *Manifeste du parti communiste,* p. 23 (Giard et Brière, éditeurs, 1897). Il y a dans toute révolution deux éléments : une conquête du pouvoir pour les avantages qu'il procure et une conquête de droits ; d'après Marx, le premier élément disparaîtra dans la révolution prolétarienne ; c'est pourquoi on dit souvent que l'Etat n'existera plus. (Voir mon étude sur *Vico,* dans le *Devenir social,* novembre et décembre 1896, p. 939 et p. 1046).

(2) *Capital,* p. 327, col. 1.

(3) *Le Suicide, étude de sociologie,* p. 439. Je reviendrai sur cette question.

n'ose pas aller aussi loin que le professeur de Bordeaux ; il veut faire la part beaucoup plus grande à l'Etat. L'éloquent orateur affirme qu'on peut, dès maintenant, définir d'une manière précise (1) les principes de la société future. A la base, il place les syndicats, « cellules premières, à certains égards, d'une organisation plus collective du travail. Puis au-dessus de ces syndicats agricoles et ouvriers, de ces groupements professionnels de métiers, il y a la commune (2), qui est la première unité plus complète, plus *riche,* que les organisations professionnelles qui ne comprennent qu'un élément exclusif et limité. Et enfin... il y a la nation, organisme central d'unité et de perpétuité. »

Je ne m'arrête pas à discuter le détail de cette

(1) *Socialisme ēt paysans*, p. 118. Deux choses sont surtout frappantes dans ces conclusions : 1º l'orateur donne ses affirmations comme une doctrine reçue par tout le parti socialiste et ne cherche pas à les justifier ; — 2º le titre de l'avant-dernier raragraphe dans la brochure est : « *la propriété d'aujourd'hui* », le titre du dernier est : « *la propriété de demain* ». M. Jaurès dit : « Nous *savons* que dans la *propriété* de *demain*, dans la société de demain, fonctionneront les quatre forces essentielles, etc. » Ces quatre forces essentielles sont l'individu, le syndicat, la commune et l'Etat. Le collectivisme est jeté par dessus bord ; M. Deschanel a eu raison de dire que la socialisation dont il est ici question (d'une manière vague et par accident) ne signifie pas autre chose que le rétablissement du domaine éminent. (*Journal officiel*, 11 juillet 1897, p. 1940, col. 1).

(2) On remarquera que les fédérations réclamées par M. Durkheim ne sont pas admises par Jaurès.

conception que je comprends mal, tant ce langage me semble dépourvu de toute précision. D'ailleurs, tout cela est-il bien neuf ? Ne sont-ce pas de vieilles théories qu'on a affublées d'un costume beau et brillant ? L'unification des corps de métiers dans la commune, cela semble être un pur souvenir de l'histoire médiévale. Qu'on change *nation* en *royauté*, on retrouvera une notion traditionnelle chez les conservateurs. Je voulais seulement appeler l'attention sur l'embarras où se trouvent les gens les plus intelligents pour indiquer un plan indépendant des formes politiques traditionnelles (1) ; non seulement Jaurès n'exclut pas l'Etat, mais il en fait le régulateur et le maître de la vie industrielle !

On répond que l'Etat futur sera tout autre chose qu'aujourd'hui ; mais on se borne à nous promettre ce beau changement sans nous donner aucune garantie. On reproduit bien souvent une formule du XVIII\ siècle, d'après laquelle le gouvernement deviendrait une simple administration (2). Nous voilà bien avancés ! Une formule abstraite, comme celle dont il est question ici, est dénuée de tout sens précis, tant

(1) M. Espinas disait à M. Andler, à la soutenance de sa belle thèse sur le socialisme d'Etat en Allemagne : « Mais ce sont des vieilleries qui se représentent avec des noms nouveaux ! »

(2) Y. Guyot, *L'économie de l'effort*, p. 297 (Colin, éditeur, 1897). Cf. *Manifeste*, p. 56.

qu'on ne la complète pas en faisant connaître les principes directeurs de la pensée. Nous savons que les économistes du siècle dernier avaient une grande admiration pour la Chine (1) : « ce gouvernement imbécile et barbare leur semble le plus parfait que puissent copier toutes les nations du monde. » Les saints-simoniens, qui ont beaucoup parlé d'*administration des choses,* ont fait souvent l'éloge de l'Autriche (2) ; et il s'agissait de l'Autriche gouvernée par Metternich ! Michel Chevalier, en 1840, mettait la Chine au-dessus de la France (3). Le véritable sens de cette formule célèbre est ainsi parfaitement clair.

Dans un article plein de science et de perspicacité, G. Platon (4) écrit ; « Dictature révolu-

(1) De Tocqueville, cité par M. Brunetière *(Education et instruction,* p. 31). — C'est alors que les philosophes politiques se proposaient le problème d'établir des *ménageries d'hommes heureux;* le roi de Naples, Ferdinand IV, fonda, dans cet esprit, une manufacture modèle à S. Leucio (B. Croce, *Studii storici sulla rivoluzione napoletana del 1799,* p. 18).

(2) G. Weill, *L'école saint-simonienne,* p. 191-192.

(3) G. Weill, *Op. cit.,* p. 199.

(4) *Le socialisme en Grèce (Devenir social,* oct. 1895, p. 669). Je crois que personne n'a encore résolu les problèmes posés par G. Platon : je n'ai trouvé d'explication dans aucune publication socialiste; c'est pourquoi je crois utile de donner un extrait assez long, afin de montrer avec quelle netteté la difficulté a été définie par l'un des plus savants et des plus sagaces écrivains socialistes de langue latine.

tionnaire du prolétariat ! C'est bientôt dit. Mais, comme dit Shakespeare, les paroles sont des femelles et les actes seuls des mâles... En tant que figurant comme sujet passif dans le rapport très précis de la production, le prolétariat se dégage comme une notion parfaitement distincte. Dès qu'il est question pour lui de venir à l'action, d'échanger son rôle passif pour un rôle politique actif, on voit sa notion si claire peu à peu s'obscurcir. Il faut, de toute nécessité, que, pour exercer sa dictature, le prolétariat s'organise... L'irruption dans le corps du prolétariat de rapports de *dépendance politique,* nés de son organisation, ne peuvent-ils pas mettre directement en danger son existence comme un corps un et distinct et entraîner, à *la faveur des inégalités surgies,* un certain rétablissement subreptice de l'injustice et de l'exploitation économique à supprimer ? En fait, *toutes les dictatures* démocratiques ou prolétariennes n'ont jamais abouti qu'à la restauration des iniquités sociales ».

Les hommes qui sont à la tête du mouvement syndical en France ne sont pas, sans doute, de très grands philosophes ; mais ce sont des hommes de sens et d'expérience, qui peuvent être inhabiles dans l'art de traduire leurs impressions en formules scientifiques : mais n'est-il pas vraiment curieux de constater que leur défiance des organisations politiques reproduise — sous une forme sentimentale et obscure — les dé-fiances que l'étude approfondie de la philosophie et de l'histoire inspirent à G. Platon ? Ce n'est pas, d'ailleurs, un phénomène isolé et nous aurons l'occasion de voir, plusieurs fois encore, que les *purs syndicaux* ont plus à nous apprendre qu'ils n'ont à apprendre de nous ! (1).

Notre siècle a été fécond en expériences politiques ; presque toujours, les prévisions des réformateurs ont été déçues ; toutes les tentatives faites pour constituer une administration indépendante des intérêts des partis ont été vaines ; en France les administrations ne cessent de se corrompre au fur et à mesure que la politique devient plus démocratique ; — qu'il y ait là une simple coïncidence, cela est possible ; mais encore faudrait-il expliquer la raison de cette corruption progressive.

Le spectacle offert par les professionnels de la politique dans tous les pays est tel que bien des gens aspirent à voir s'évanouir toute organisation politique ; c'est là un noble rêve qui a

(1) Labriola, parlant du *Manifeste du parti communiste*, dit : « La doctrine est, avant tout, dans la lumière qu'il jette sur le mouvement prolétarien, qui d'ailleurs *est né et se développe indépendamment de toute doctrine...* Il ne suffisait pas que le socialisme fût un résultat de l'histoire, il fallait de plus comprendre les causes intrinsèques de cet aboutissant et où menait cette activité », p. 41.

pu enchanter des âmes religieuses et des utopistes (1), mais il ne suffit pas de reconnaître un mal et de vouloir le faire disparaître pour s'en débarrasser.

C'est ici qu'il faut faire intervenir la conception matérialiste de l'histoire : l'étude de la politique ne nous permet pas de reconnaître les causes fondamentales, ne nous fournit pas l'éclaircissement complet. Cette hiérarchie, que la révolution prolétarienne se flatte de faire disparaître, correspond, de quelque manière, à une différenciation économique ; et c'est celle-ci qu'il faut mettre en pleine lumière. Cette différenciation n'a pas toujours été la même ; les luttes n'ont pas toujours eu en vue le même objet ; on se trompe gravement quand on imagine l'existence de classes identiques aux classes modernes dans les temps anciens ; le matérialisme historique est rebelle à toute extension (en dehors des limites définies par un mode très conditionné de production) des lois empiriques que la science découvre. C'est donc pour les temps actuels qu'il faut chercher cette différenciation.

La hiérarchie contemporaine a pour base principale la division des travailleurs en intellectuels et en manuels ; — on l'exprime juridique-

____

(1) Labriola, p. 227.

ment en réclamant le droit au gouvernement des plus capables. Les saint-simoniens croyaient assurer le bonheur universel en supprimant dans l'Etat tout ce qui leur paraissait provenir des traditions militaires. M. Spencer a transporté cette idée dans sa sociologie et l'a développée d'une manière puissante. Il est assez curieux qu'en 1847 Marx n'ait pas examiné cette question en détail ; c'est ce qui explique pourquoi le *Manifeste* reste assez vague sur la constitution du prolétariat ; mais, plus tard, quand il eut approfondi, d'une manière originale, les problèmes économiques, il insista, avec force, sur l'importance de cette séparation (1). C'est ainsi que l'économie industrielle vint en aide à l'histoire et à la philosophie.

La démocratie bourgeoise se raccroche, avec l'énergie du désespoir, à la théorie des capacités (2) et s'efforce d'utiliser le respect supers-

(1) « La grande industrie mécanique achève la séparation entre le travail manuel et les puissances intellectuelles de la production, qu'elle transforme en pouvoirs du capital sur le travail. L'habileté de l'ouvrier paraît chétive devant la science prodigieuse, les énormes forces naturelles, la grandeur du travail social, incorporées au système mécanique, qui constitue la puissance du Maître ». *(Capital,* p. 183, col. 1).

(2) C'est ce qui explique la renaissance du saint-simonisme parmi nos universitaires. Jaurès, dans un de ses discours sur les sucres, conviait le gouvernemet à utiliser les capacités des jeunes bourgeois dépourvus de capital, en les transformant en fonctionnaires industriels *(J. Of.,* 26 janvier 1897, p.117, col.2); c'est bien un écho saint-simonien.

titieux que le peuple a instinctivement pour la science ; — elle emploie les moyens les plus charlatanesques pour rehausser son prestige, multiplie les brevets et s'efforce de transformer le moindre lettré en un mandarin ; — les parasites se distinguent par un enthousiasme immodéré pour la science afin de jeter de la poudre aux yeux, se mettent à la remorque de grands pontifes scientifiques, leur servent de hérauts, réclament pour eux de grasses pensions (1); ils espèrent obtenir ainsi la considération des gens naïfs et en tirer profit.

Je ne veux pas entrer ici dans l'étude approfondie du travail intellectuel ; il faut appliquer à cette question les réflexions que fait Marx à propos de toutes les différenciations entre travaux : « La distinction, dit-il (2), repose souvent sur de pures illusions, ou du moins sur des différences qui ne possèdent depuis longtemps aucune réalité et ne vivent plus que par une convention traditionnelle ». Il est inutile de batailler contre des préjugés ; mais il se produit, à l'heure actuelle, une évolution qui tend à ruiner le prestige des intellectuels. L'observation nous apprend

---

(1) Les grands savants avaient été, presque tous, jusqu'ici, des gens modestes n'ayant besoin ni de gros traitements, ni de riches installations. Les intérêts de la science ne sont pas toujours identiques avec les intérêts des savants et des parasites intellectuels qui leur font cortège.

(2) *Capital*, p. 84, col. 2, note.

qu'une profession perd bien vite son prestige quand elle se féminise ; les recherches de laboratoire, les travaux d'érudition, la poursuite patiente et laborieuse des solutions de problèmes mathématiques sont des choses particulièrement appropriées au génie féminin : ceux qui pourraient en douter n'ont'qu'à se reporter à l'expérience acquise par les collèges américains. Ce n'est pas sans raison que tant d'intellectuels font des efforts pour écarter les femmes des professions libérales ; mais il n'est pas douteux que la vérité triomphera et alors toute la charlatanerie des *capacités* éclatera au grand jour.

Ceci ne veut pas dire que dans les ateliers disparaisse toute différence ; car tout droit est inégalitaire (1) et il y aura, comme aujourd'hui, des gens plus habiles et plus expéditifs que d'autres ; mais les *différences seront appréciées dans l'ordre quantitatif,* tous les travaux étant devenus de même espèce et par suite commensurables entre eux. Le socialisme ne fera pas disparaître les *fonctions générales* (2) ; mais l'expérience montre que les qualités de direction n'ont rien d'exceptionnel et qu'elles se trouvent très communément parmi les travailleurs ma-

(1) Marx, *Lettre sur le programme de Gotha (Revue d'économie politique,* 1894, p. 757). Cf. Ferri, *Socialisme, science positive,* p. 19 (Giard et Brière, éditeurs).

(2) *Capital,* p. 143, col. 2.

nuels, peut-être même plus souvent que chez les intellectuels (1) : — les grandes Unions ouvrières d'Angleterre ont très facilement trouvé dans leur sein des hommes capables de les diriger (2).

Les chefs des syndicats français se sont bien rendu compte du résultat auquel j'arrive ici : ils ont vu que la domination des pouvoirs publics était fondée sur la prétendue supériorité des intellectuels ; en combattant le dogme des capacités intellectuelles, ils ont dirigé les travailleurs dans la voie indiquée par Marx.

III

Pour bien comprendre toute la portée du problème posé, il faut examiner les objections que l'on adresse d'ordinaire aux *syndicaux :* on leur

---

(1) C'est ce qui fait que souvent les industriels préfèrent comme directeur un ancien ouvrier à un technicien sorti des écoles. Les anciens connaissaient déjà très bien cette loi; ils disaient que l'obéissance était l'école du commandement. J'ai indiqué ailleurs l'influence que le système militaire me semble avoir eue sur leurs idées d'égalité. (*Procès de Socrate*, pp. 168-170).

(2) De Rousiers, *Le trade-unionisme en Angleterre*, p. 42. (Colin, éditeur, Paris, 1897).

3

reproche de montrer parfois un exclusivisme trop absolu : Kautsky n'a-t-il pas fait observer (1) que la social-démocratie ne peut rejeter les intellectuels qui viennent à elle ? « Cette question, dit-il, est déjà tranchée dans le *Manifeste communiste,* comme aussi par ce fait que les fondateurs de la démocratie socialiste, Marx, Engels, Lassalle, étaient membres de cette classe. Pour la démocratie socialiste sont les bienvenus ceux qui acceptent ses théories et prennent part à sa lutte pour l'émancipation. » Ce que dit Kautsky ne saurait être transporté, sans précaution, dans tous les pays ; les *conditions* ne sont point partout les mêmes. En Allemagne il existe une organisation solide, formant une sorte d'Etat bureaucratique (2), ayant ses fonctionnaires rétribués. Pour faire une propagande efficace par la presse, il faut bien s'adresser à des écrivains de profession, comme on s'adresse à un bon avocat pour plaider un procès ; il faut leur créer une

---

(1) *Le socialisme et les carrières libérales. Devenir social,* mai 1895, p. 107. — N. N. Le terme *carrières libérales* ne traduit pas exactement le terme allemand *intelligenz :* les Allemands désignent par ce mot les professions qui ont un certain caractère de culture artistique ou littéraire. Ainsi, Kautsky nous a appris, plus récemment, que la social-démocratie a gagné à sa cause les sculpteurs, les employés de commerce, les musiciens. *(Le marxisme et son critique Bernstein,* p. 250, Stock, éditeur, Paris, 1900).

(2) G. Ferrero, *L'Europa giovane,* pp. 65-72. (Trèves, éditeur, Milan, 1897).

situation (1) « qui corresponde à une vie de bourgeois modeste. » En France, ils prétendent que leur vraie place est dans le Parlement et que le pouvoir dictatorial leur reviendrait . de plein droit en cas de succès. C'est contre cette *dictature représentative du prolétariat* que protestent les *syndicaux ;* ils pensent que cela est tout autre chose que la *dictature du prolétariat !* (2).

Les exemples de Marx, Engels et Lassalle ne sont pas probants, parce qu'on ne peut tirer aucune règle d'exceptions, parce que les hommes très supérieurs échappent aux liens de classe. Dans le *Manifeste,* Marx rappelle (3) que jadis une partie de la noblesse se rangea du côté de la bourgeoisie ; il dit que de même « de nos jours une partie de la bourgeoisie fait cause commune avec le prolétariat, notamment cette partie des *idéologues bourgeois parvenue à l'intelligence théorique du mouvement historique* ». Il faut mettre à part les idéologues, qui, par leur tempé-

(1) *Art. cité,* p. 108. C'est, d'ailleurs, surtout à cause des *traitements* que la question du rapport de l'*intelligenz* avec le parti socialiste a été discutée en Allemagne.

(2). « Le communisme critique n'est pas un séminaire dans lequel on forme l'*état-major* des chefs de la révolution prolétarienne. » (Labriola, p. 70). — « La masse des prolétaires ne s'en tient plus au mot d'ordre de quelques chefs, pas plus qu'elle ne règle ses mouvements sur les *prescriptions de capitaines* qui pourraient, sur les ruines d'un gouvernement, en élever un autre » (p. 77).

(3) *Manifeste,* p. 22.

rament, ne peuvent guère jouer un rôle politique,
usurper le pouvoir et devenir des maîtres. Marx
ne dit point que le prolétariat fera ce qu'a fait la
bourgeoisie en 1789 ; il savait bien que la situation est bien différente : le Tiers-Etat pouvait
offrir aux nobles ambitieux des *dignités politiques*, car il n'entendait pas détruire la hiérarchie ;
il entendait seulement l'améliorer à son profit ;
aujourd'hui, la social-démocratie ne peut offrir
que des *emplois* aux bourgeois qui viennent à
elle.

Kautsky examine, avec beaucoup de soin, les
relations d'intérêts qui existent entre les gens
des carrières libérales *(intelligenz)* et le prolétariat ; il reconnaît que sur un point capital — la
diffusion de l'instruction (1) — « les intérêts du
prolétariat sont diamétralement opposés à ceux
de l'*intelligenz* ; et déjà à ce point de vue, si
nous faisons abstraction de tous les autres, un
appel aux intérêts n'est pas le moyen de faire
venir au socialisme cette classe dans sa tota-
lité. »

Les intellectuels ont des intérêts professionnels (2) et non des intérêts de classe généraux :
ces intérêts professionnels seraient lésés par la
révolution prolétarienne. Les hommes de loi ne

____

(1) *Art. cité*, p. 115.
(2) *Art. cité*, p. 113.

trouveraient, sans doute, pas une grande occupation dans la société future. Il n'est pas probable que les maladies augmentent ; les progrès de la science et la meilleure organisation de l'assistance (1) ont eu déjà pour effet de diminuer le nombre des médecins utilisés. Dans la grande industrie, on pourrait supprimer beaucoup d'employés supérieurs, si les gros actionnaires n'avaient à placer des clients. Une meilleure division des fonctions permettrait de concentrer, comme en Angleterre, dans un petit groupe de techniciens, très savants et très expérimentés, le travail que font mal des ingénieurs beaucoup trop nombreux. A mesure que les qualités morales et intellectuelles des ouvriers s'élèvent, on peut supprimer la plus grande partie dès surveillants ; l'expérience anglaise le prouve surabondamment (2). Enfin, pour les emplois de bureau, les femmes font une active concurrence aux hommes; et ces emplois leur seront réservés dès que le socialisme les aura émancipées. Ainsi donc, la socialisation des moyens de production se traduirait par un *lock-out* prodigieux : il est difficile de croire que les intellectuels ignorent une vérité aussi certaine que celle-ci !

Ces intellectuels, mal payés, mécontents ou

(1) Lapenta, *Le prolétariat intellectuel en Italie (Devenir social*, mars 1897, p. 272).

(2) Kropotkine, *La conquête du pain*, p. 202.

peu occupés, ont eu l'idée vraiment géniale d'imposer l'emploi du terme impropre de *prolétariat intellectuel :* ils peuvent ainsi facilement se faufiler dans les rangs du prolétariat industriel. Kautsky fait observer (1) qu'il faudrait les comparer aux compagnons du moyen âge. Ils ressemblent fort aussi aux ouvriers travaillant en chambre, ayant leur outillage, mais souvent inoccupés faute d'une clientèle suffisante. — Ils se rattachent à la petite bourgeoisie (2) et s'efforcent d'entraîner le socialisme dans les voies favorables à leurs intérêts ; leur « socialisme est à la fois réactionnaire et utopique » (3) comme celui des petits bourgeois.—On pourrait encore les rapprocher des Romains de la décadence (si différents de nos prolétaires), vivant aux frais de la société, tandis que la société moderne vit aux frais du prolétariat (4).

Tandis que la socialisation des moyens de

(1) *Art. cité,* p. 114.

(2) Marx place les paysans et les petits bourgeois dans une *partie complémentaire de la bourgeoisie (Manifeste,* p. 44.)

(3) *Manifeste,* p. 46.

(4) Sismondi, cité par Marx, préface du *18 brumaire.*—N. N. Il faut aussi ajouter que les prolétaires intellectuels sont rebelles à tout esprit de solidarité ; ils ne voient que leur *intérêt personnel et immédiat* et lui sacrifient les intérêts de classe ; ils apportent le désordre partout par leurs brigues et, dès qu'ils le peuvent, ils se déchirent entre eux. Chacun d'eux aspire, comme César, à être le premier dans un petit groupe.

production utilisera *utilement* toutes les forces de travail des producteurs, c'est-à-dire des vrais prolétaires, elle supprimera l'occupation à la très grande majorité des faux prolétaires. On ne peut concevoir d'opposition plus tranchée ; et cette opposition doit apparaître, surtout, criante aux personnes habituées à manier le matérialisme historique.

La véritable vocation des intellectuels est l'exploitation de la politique ; le rôle de politicien est fort analogue à celui de courtisan et il ne demande pas d'aptitude industrielle. Il ne faut pas leur parler de supprimer les formes traditionnelles de l'Etat ; c'est en quoi leur *idéal,* si révolutionnaire qu'il puisse paraître aux bonnes gens, est réactionnaire. Ils veulent persuader aux ouvriers que leur intérêt est de les porter au pouvoir et d'accepter la hiérarchie des capacités, qui met les travailleurs sous la direction des hommes politiques.

Les *syndicaux* se révoltent ; et ce n'est pas sans raison ; ils sentent bien que si l'ouvrier accepte le commandement de *gens étrangers à la corporation productive,* il restera toujours incapable de se gouverner, qu'il restera soumis à une *discipline externe* (1). Le mot qu'on emploiera

(1) Sur la *discipline* des ateliers modernes, voir quelques observations importantes dans le *Devenir social,* janvier 1896, pp. 84-88. — N. N. Dans cet article, je montrais com-

pourra changer (1), mais la chose ne changera pas : l'exploitation du travailleur continuera. Marx a décrit, en termes excellents, cet état de développement insuffisant du prolétariat (2). « Le lien entre leurs fonctions individuelles et leur unité comme corps productif se trouve *en dehors d'eux*... L'enchaînement de leurs travaux leur apparaît idéalement comme le *plan* du capitaliste (3) et l'unité de leur corps collectif leur apparaît pratiquement comme son autorité, la puissance d'une *volonté étrangère*, qui soumet leurs actes à son but. »

bien les chefs d'industrie ont peine à comprendre les principes juridiques qui découlent de la nature des choses et comment il résulte de leur *ignorance* des conflits absurdes:

(1) Sur le pouvoir des dénominations, consulter G. Le Bon, *Psychologie des foules*, pp. 94-96 (Alcan, éditeur, Paris, 1895).

(2) *Capital*, p. 144, col. 1.

(3) Ce qui est dit ici du capitaliste peut s'appliquer à tout autre chef qui n'appartient pas au corps des travailleurs ou *qui en est dehors*. — N. N. Je disais dans l'article cité du *Devenir social* : « L'industrie moderne révèle la nécessité de l'action mutuelle des ouvriers, de leur *coordination volontaire*, des relations systématiques qui transforment l'agrégat accidentel en un corps. » p. 84. C'est pourquoi la *commandite* des typographes réalise une forme supérieure d'*organisation interne*, en opposition avec la *discipline externe* de l'atelier ordinaire. M. Y. Guyot a fortement affirmé la supériorité du travail fourni par les équipes des journaux parisiens travaillant en commandite.

IV

.Dans les dernières pages de la *Misère de la Philosophie*, Marx a tracé le tableau du développement du prolétariat, tel qu'il pouvait lui apparaître en 1847, au milieu des agitations anglaises :
il dit lui-même qu'il signale seulement « quelques
phases » de ce développement. On doit remar-
quer surtout, dans cette description, que le prolétariat est d'abord considéré comme classe pour
les capitalistes, contre lesquels il dresse ses so-
ciétés·de résistance et que, plus tard seulement,
il devient classe pour lui-même (1).

« Les intérêts qu'il défend *deviennent* des intérêts de classe. Mais la lutte de classe à classe
est une lutte politique ».

Ces indications si brèves n'ont pas attiré suf-
fisamment l'attention des socialistes : il est à
peine nécessaire d'insister sur ⬤ dernière
phrase, parce qu'on est habitué à désigner par
le nom de politique toute mesure d'ordre général ayant pour objet de modifier, d'une manière
notable, le système juridique existant ; ainsi

(1) *Misère de la philosophie*, p. 241. (Giard et Brière,
éditeurs, 1896).

changer le mode de partage des héritages, permettre les fidéicommis, augmenter la liberté de tester, autoriser la création de *homesteads*, donner à la femme plus de liberté, voilà bien ce qu'on appelle des mesures politiques.

Pour transformer la masse chaotique des prolétaires en classe pour elle-même, il y a à effectuer un immense travail de décomposition et de recomposition. Marx pensait que ce travail devait s'effectuer en partant de l'organisation des sociétés de résistance : mais en 1847 sa pensée n'était pas encore parfaitement précise ; il croyait, d'ailleurs, qu'on allait entrer dans une période d'agitation révolutionnaire extrêmement longue, où rien ne pouvait être prévu avec quelque chance de succès. Mais quand il écrivait le *Capital,* sa pensée était murie et il disait dans sa préface (1) : « Abstraction faite de motifs plus élevés, leur propre intérêt commande aux classes régnantes actuelles d'écarter tous les *obstacles légaux qui peuvent gêner le développement* de la classe ouvrière ». Dans sa lettre sur le programme de Gotha (2) en 1875, il demandait que l'Etat ne se chargeât pas de l'éducation du peuple, mais dotât seulement les écoles.

(1). *Capital,* p. 11.

(2) *Revue d'économie politique,* 1894, p. 768.

La pensée de Marx ne peut être douteuse : la transformation doit se faire par un mécanisme intérieur ; c'est dans le sein du prolétariat, c'est au moyen de ses ressources propres, que doit se créer le droit nouveau. Ce qu'il faut demander aux pouvoirs publics c'est d'accorder des facilités pour procéder à cette tranformation du peuple par lui-même : c'est dans ce but que les ouvriers entrent dans l'arène électorale. La raison de la lutte politique se trouve ainsi bien déterminée : on n'a plus en vue une fin arbitraire ou idéale, comme celle que poursuivaient les révolutionnaires politiques.

Examinons, maintenant, d'une manière plus précise, ce que l'expérience nous apprend sur cette formation du prolétariat en classe pour lui-même ; c'est-à-dire, cherchons quels sont les aspects juridiques nouveaux sous lesquels les rapports économiques se présentent actuellement aux ouvriers. Comme Marx, nous prenons pour point de départ la société de résistance ; nous devons donc nous demander si la coalition ne fait pas naître — dans l'âme ouvrière — des principes juridiques en contradiction avec ceux que la tradition a consacrés.

Le droit, tel qu'il est formulé par les codes libéraux, ne connaît guère que l'ouvrier isolé : chaque individu peut quitter le travail ; des travailleurs peuvent s'entendre pour abandonner ensemble l'atelier, mais la multiplication d'un fait individuel n'en change pas le caractère ; chacun des grévistes peut reprendre sa besogne quand il le juge convenable ; le patron peut traiter avec d'autres salariés et ce contrat n'offre rien de répréhensible ni de blâmable ; telle est la théorie que les tribunaux appliquent sous le nom de théorie de la liberté du travail.

Pour les syndiqués ces thèses sont fausses ; l'ensemble des travailleurs forme un corps ; les intérêts de tous sont solidaires ; nul ne peut abandonner la cause de ses camarades sans être considéré comme un traître. Ce qui caractérise la grève pour la conscience ouvrière c'est cette solidarité ; et Marx la définit très bien en disant que « la coalition a pour but de faire cesser la concurrence » entre les salariés.

La loi française du 27 décembre 1892, sur la conciliation, reconnaît, implicitement, l'existence de cette solidarité : en effet, si on se place au point de vue strictement individualiste, il n'y a point de conciliation à tenter ; la grève a rompu tout lien de droit entre le patron et chacun de ses ouvriers : il n'existait que des contrats individuels avant la grève : comment peuvent-ils se transformer en obligations qui lieraient le patron et un *corps* avec lequel il n'a jamais traité ? C'est pour cette raison que bien souvent les industriels ne veulent pas se présenter devant le juge de paix : ils ne veulent pas reconnaître l'existence d'un corps qui aurait le monopole de la main-d'œuvre dans leur usine, tout comme jadis une corporation avait le monopole de la production dans nos villes.

Le législateur n'a pas osé aller bien loin dans cette voie ; il institue une procédure où figurent des délégués nommés par les ouvriers, mais il ne donne aucune sanction aux accords intervenus ; les délégués ne peuvent même imposer à leurs mandants la convention qu'ils ont signée. Un projet de loi a été déposé en 1893 par J. Guesde et Chauvin, pour donner une constitution aux groupements des travailleurs ; mais il n'est pas probable qu'une réforme si grave puisse aboutir d'ici longtemps. *(V. note finale A)*

Les ouvriers considèrent que les grévistes doivent être tous repris, et ils n'hésitent pas à faire les plus grands sacrifices pour obtenir la réintégration de leurs camarades exclus. Je trouve ce principe exprimé, d'une manière très nette, dans une transaction intervenue à Limoges (1) : « Les soussignés reconnaissent qu'en matière de grève et lorsque le conflit est éteint, les ouvriers en grève sans exception doivent reprendre leur travail primitif. »

(1) Office du travail, *Statistique des grèves, etc., pendant l'année 1895*, p. 164.

En Angleterre (1) les *blacklegs* (ouvriers qui prennent la place des grévistes) disparaissent rapidement. Le marché collectif de travail devient de plus en plus l'usage : patrons et ouvriers se soumettent à des règles qui ont autant de force que si elles étaient contractuelles ou imposées par la loi ; le marché collectif est, pour M. de Rousiers (2), une nécessité imposée par les conditions de l'industrie moderne. Enfin, dans les régions où les syndicats sont bien organisés, les discussions pour l'application des tarifs ne se produisent plus entre ouvriers et commis, mais entre fonctionnaires des Unions ouvrières et patrons (3).

Voilà tout un système de droits nouveaux qui s'est développé au milieu de luttes et de difficultés sans nombre ; les ouvriers ont eu besoin de trouver devant eux une autorité divisée en partis, par suite incertaine dans ses plans, tantôt violente, tantôt plus bienveillante (4) ; l'influence

(1) De Rousiers, p. 193.
(2) De Rousiers, p. 11, p. 67, p. 332.
(3) De Rousiers, p. 246, p. 322.
(4) On répète souvent que le prolétariat a devant lui une *masse réactionnaire;* c'est là pour Turati une grave erreur qu'il a combattue dernièrement dans un curieux article sur les *Superstitions socialistes (Critica sociale,* 16 sept. 1897); il soutient, d'accord avec Kautsky, que la société se compose de classes nombreuses divisées d'intérêts et non de deux classes seulement. Dans l'hypothèse de la division en deux camps opposés, l'émancipation du prolétariat dépen-

des conditions politiques de l'Angleterre est indé-
niable dans l'histoire du trade-unionisme ; mais
cette influence a été indirecte ; des obstacles juridiques ont été levés, des facilités ont été données
aux syndicats pour agir, l'instruction populaire
a été développée ; mais les ouvriers peuvent bien
se vanter d'avoir gagné eux-mêmes leur cause,
d'avoir produit dans le sein du prolétariat inorganisé une organisation nouvelle et indépendante
de toute organisation bourgeoise.

Les syndicats ont d'ordinaire habilement ma-
nœuvré pour mettre l'opinion publique de leur
côté ; c'est bien une lutte politique celle qui s'é-
tablit entre des groupes ennemis pour obtenir la
faveur de l'opinion ; c'est une lutte politique plus
efficace souvent que celle qui se produit dans les
assemblées parlementaires, car les lois sont
inefficaces tant que l'opinion ne les soutient pas.
Les Unions se sont imposées au respect de tout
le monde : elles ont prouvé aux patrons (1)
qu'elles sont des associations bien organisées
et responsables ; elles ont ainsi conquis la recon-
naissance effective de leur *capacité* ; elles sont
devenues majeures en démontrant leur virilité.

drait de la conquête du pouvoir par les révolutionnaires
politiques ; mais cette hypothèse étant fausse, l'émancipation et l'éducation des classes ouvrières peuvent être réa-
lisées par les travailleurs eux-mêmes.

(1) De Rousiers, p. 26.

En Angleterre, il s'en faut de beaucoup que le mouvement syndical ait acquis encore sa complète maturité. Plus d'une fois, on a vu des Unions, qui semblaient très bien lancées, se dissoudre ou, tout au moins, dépérir quand les associés n'ont plus senti d'une manière pressante la nécessité de l'Union (1), quand ils ont cru que les résultats acquis étaient consolidés, quand ils ont trouvé trop dure l'obligation de payer toujours. Il faut (2) « de l'intelligence, une certaine largeur d'idées, de l'*esprit public,* comme disent les Anglais, pour décider l'ouvrier à répéter chaque semaine le prélèvement qu'il s'impose sur son salaire. » Aussi, tous les observateurs s'accordent-ils à reconnaître que les trade-unions ont été une école excellente pour les travailleurs, dont la moralité a été transformée ; les syndicats sont partout formés des meilleurs éléments du corps de métier. L'expérience a montré qu'il n'y a pas avantage à multiplier les adhésions au détriment de la qualité : « On s'affaiblit en absorbant des éléments faibles », disait (3) à M. de Rousiers un membre important de la société des mécaniciens. De là résulte que beaucoup d'ateliers ne veulent embaucher que des unionistes ; même pour les travaux des

(1) De Rousiers, p. 154, p. 300.
(2) De Rousiers, p. 41.
(3) De Rousiers, p. 93.

docks les employeurs trouvent intérêt à s'adresser aux hommes des Unions (1).

Dans quelques localités, là où l'industrie n'a pas encore pris complètement l'allure moderne, pour quelques professions exceptionnelles, on trouve encore dans les Unions des allures corporatives. M. Rousiers, qui a fait de cette question une étude pleine de sagacité, estime que ces survivances du passé disparaîtront (2); il est donc inutile de nous y arrêter.

En général, les syndiqués ne poursuivent pas une fin égoïste, destinée à leur donner des privilèges; ils poursuivent une fin générale, la réalisation d'un règlement dont profiteront tous les ouvriers, même ceux qui ont rendu leur lutte plus pénible, par leur apathie ou leur lâcheté. Les mécaniciens, durant les grèves de la Clyde en 1893 (3), ont, non seulement soutenu leurs adhérents, mais encore alloué des secours aux non-unionistes et aux membres de sociétés trop faibles pour supporter de lourdes charges.

Les Unions anglaises sont très divisées, depuis quelques années, sur la question des *bene-*

(1) De Rousiers, p. 132, p. 272 et passim.
(2) De Rousiers, p. 44, p. 51, p. 67, p. 94, p. 251, p. 334. Cf. aussi *Devenir social*, janvier 1896, pp. 83-84 sur l'op o-sition de l'idée syndicale et de l'idée corporative. — N. N. Aujourd'hui, je ne serais plus aussi affirmatif; je crois que les deux idées se maintiennent et se pénètrent plus ou moins complètement suivant les métiers.
(3) De Rousiers, p. 262.

fits : les plus anciennes perçoivent des taxes élevées et distribuent à leurs adhérents des secours en cas de maladie, de chômage, d'accidents, font même des pensions aux vieillards ; elles sont, à la fois, sociétés de résistance et sociétés de secours mutuels. Ce système a donné des résultats excellents tant qu'on n'a cherché à unir que des ouvriers d'élite, recevant de forts salaires : ainsi, l'Union des mécaniciens exige une cotisation de 2 fr. 50 par semaine, celle des charpentiers 1 fr. 25. Quand les vieux syndicats ont ouvert, petit à petit, leurs rangs aux ouvriers auxiliaires, aux *unskilled,* peu de ceux-ci ont pu profiter du nouveau règlement, parce que leurs ressources étaient trop faibles. Quand on a voulu former des syndicats avec des ouvriers trop mal payés, comme les ouvriers agricoles ou les dockers, la difficulté a été bien plus grande, parce que des cotisations d'un sou par jour étaient déjà assez fortes pour décourager bien des travailleurs. Alors s'est propagée l'idée qu'il fallait limiter à la lutte le rôle des Unions et supprimer les *benefits.*

La tactique des nouvelles Unions s'explique parfaitement par les nécessités de la situation ; mais on a voulu lui donner une base théorique et on a eu tort, à mon humble avis. L'expérience ayant montré combien il est difficile de maintenir les ouvriers dans les syndicats, il semble étrange d'abandonner des moyens aussi puissants que les sentiments provoqués par l'idée mutualiste. D'ailleurs, chez les dockers même (1), on a établi un secours de 200 francs en cas de décès ; et c'est une lourde charge, qui représente le tiers des ressources de l'association.

Dans cette question, comme dans toutes les questions pratiques, il y a une juste mesure à garder ; les règlements des anciennes Unions n'étaient pas assez élastiques ; il ne faudrait pas rendre obligatoires les versements pour tous les *benefits*, de manière à ne pas éloigner les moins fortunés ; les assurances en cas de chômage et en cas de maladie pourraient être seules obligatoires ; mais les types à adopter varient suivant les circonstances. Si la qualité est un élément essentiel de succès, il ne faut pas non plus négliger, trop complètement, le nombre, aussi bien dans les luttes sociales qu'à la guerre.

La question de principe ne me paraît pouvoir faire de doute : réduire les syndicats à n'être que des sociétés de résistance, c'est opposer une barrière formidable au développement du prolétariat ; c'est le livrer à l'influence prépondérante

(1) On voit dans le livre de M. de Rousiers que le nombre des dockers associés effectivement, payant leur cotisation, est tombé de 90,000 à 25,000 (p. 164). Pour maintenir les dockers dans les rangs de l'Union, leurs chefs essayèrent d'entretenir l'esprit de lutte, en ne reculant pas devant les grèves ; cette tactique n'a guère abouti qu'à des échecs,

des démagogues bourgeois● c'est l'empêcher d'élaborer, conformément à sa manière propre de vivre, les principes nouveaux de droit: c'est, en un mot, lui refuser la possibilité de devenir une classe *pour lui-même*. Les sociétés mutuelles fondées par les syndicats ne fonctionnent point sur les mêmes principes que les caisses bourgeoises; au lieu de s'inspirer de l'association des capitaux, elles gardent une allure prolétarienne (1).

Plus il se produit de relations distinctes dans le milieu inorganisé et confus des travailleurs, plus on est sûr qu'il s'élabore de nouveaux éléments de réorganisation sociale. On parle beaucoup d'organiser le prolétariat : mais organiser ne consiste point à placer des automates sur des boîtes! L'organisation est le passage de l'ordre mécanique, aveugle, commandé de l'extérieur, à la différenciation organique, intelligente et pleinement acceptée; en un mot, c'est un développement moral. On n'y parvient que par une longue pratique et une expérience acquise

(1) Dans le livre de M. de Rousiers on voit que l'Union des mécaniciens est divisée en *branches*, administrant chacune sa propre caisse; mais le conseil central exige qu'il existe partout une égale proportion entre l'avoir et le nombre des membres; de temps à autre on procède à l'*équalisation*. Tel est l'esprit de solidarité et la claire notion de leurs véritables intérêts que chacun comprend d'instinct que de cette assistance mutuelle dépend la force de la collectivité (p. 268).

dans la vie. Toutes les institutions se sont formées de la même manière ; elles ne résultent
pas de décisions de grands hommes d'Etat, non
plus que de calculs de savants ; elles se font en
embrassant et condensant tous les éléments de
la vie. Pour quelle cause le prolétariat échappe-
rait-il donc à la nécessité de *se faire* par cette
voie ?

Une chose m'a toujours frappé d'étonnement,
c'est l'aversion de très nombreux marxistes pour
la coopération : on soutient que les ouvriers,
une fois occupés de menus détails d'épicerie et
de boulangerie, seraient perdus pour le socialisme et cesseraient de comprendre la lutte des
classes. De cette désertion résulterait, au moins
pour l'Italie, l'influence de l'esprit petit-bourgeois
dans le parti socialiste (1). Que met en évidence
cette désertion dont on se plaint? Une seule
chose : la mauvaise composition du parti socialiste italien ; et cette mauvaise composition résulte de très nombreux articles publiés dans la
Critica sociale (2). L'épreuve de la pratique est
la véritable épreuve des idées : au contact de la
vie économique, dès qu'il s'agit de sortir des
dissertations vagues, les ouvriers s'aperçoivent
que léurs chefs ne sont pas capables de les di-

(1) *Critica sociale,* 1ᵉʳ sept. 1897, p. 262.
(2) V. p. ex. les articles sur le parti socialiste d'Imola:
(16 août, 1ᵉʳ sept. et 16 sept. 1897).

riger et ils les abandonnent. Les chefs du mouvement socialiste sont faits pour les hommes, de même que la théorie est faite pour la pratique. Qu'arriverait-il donc, si, après la révolution sociale, l'industrie devait être dirigée par des groupes incapables de mener aujourd'hui une coopérative ? (1)

Je ne pense pas que la révolution sociale puisse ressembler à une scène de l'Apocalypse. On raille, parfois, les anciens qui croyaient à l'influence souveraine de l'éducation et on assure que les hommes se transformeront sous l'influence de la nouvelle économie ! Mais a-t-on fait ainsi grand progrès? Comment sait-on que ce changement se produira dans les limites où on espère le voir se produire ? Comment sait-on qu'une nouvelle économie pourra fonctionner d'elle-même ? Ne nous cache-t-on pas le moteur de toute cette éducation, le *bon despote* imaginé par Platon ? Car enfin, il s'agit de réaliser dans le monde industriel exactement ce que le philosophe grec voulait réaliser dans la Cité hellénique : former une nouvelle génération en *imposant* un genre de vie nouveau. Tout cela est bien utopi-

____

(1) Les révolutionnaires politiques admettent, beaucoup trop facilement, les rêves pédagogiques d'Owen, qui ne sont plus au courant de la science moderne. Qui réglera la nouvelle économie ? Sans doute les pouvoirs publics, c'est-à-dire une aristocratie intellectuelle exerçant une dictature sur le prolétariat.

que. C'est dans le sein de la société capitaliste que doivent se développer, non seulement les forces productives nouvelles, mais encore les relations d'un nouvel ordre social, ce qu'on peut appeler les forces morales de l'avenir. Avant que ces forces morales aient atteint une certaine maturité, quand elles sont encore indistinctes, on vit, en apparence, d'après les règles du passé; mais en poussant à bout ces règles, en les employant à des usages nouveaux et imprévus, on les use et on les ruine petit à petit (1).

Sans doute, les coopératives ne sont pas des institutions spécifiquement socialistes; elles peuvent même être dirigées dans le but de combattre la propagande socialiste. Mais toutes les institutions présentent le même caractère *formel* : elles ne sont rien que par ce qu'on met dedans; mais elles peuvent se prêter plus ou moins à recevoir une semence socialiste; elles peuvent faciliter ou gêner indirectement le mouvement prolétarien.

Quand les coopératives n'auraient pour résultat que de rendre la vie matérielle moins dure aux ouvriers, ne serait-ce pas déjà un énorme résultat ? L'expérience avait déjà montré

(1) C'est là une des lois les plus importantes de l'histoire des transformations sociales, une de celles qui tiennent de plus près à la conception matérialiste de Marx. D'anciens rapports juridiques, avant de disparaître, règlent, pendant longtemps, une vie nouvelle.

à Young que les ouvriers les mieux rétribués
étaient les plus enclins à la résistance ; tous les
auteurs sont aujourd'hui, unanimes pour reconcaître que la misère est un grand obstacle aux
progrès du socialisme (1). Mais elles ont un effet bien plus direct encore, en ce qu'elles enlèvent
le travailleur à la direction du boutiquier, ce
grand électeur de la démocratie bourgeoise ; ce
n'est pas un mince résultat (2).

(1) On a cru le contraire parce qu'on a confondu le sentiment de la lutte des classes avec ce qu'on a appelé la
haine créatrice. La féroce jalousie de l'intellectuel ; auvre,
qui voudrait voir guillotiner le négociant riche, est un sentiment mauvais qui n'a rien de socialiste.

(2) Les radicaux et les socialistes-bourgeois n'aiment pas
les coopératives : je crois utile d'emprunter les détails qui
suivent au numéro unique du *Journal de Neuilly-Boulogne-
Billancourt*, du 27 déc. 1896, distribué par le comité du
candidat socialiste : « Le candidat déclare qu'il n'est pas
partisan de la coopération, parce qu'elle est souvent funeste
pour les coopérateurs eux-mêmes et *qu'elle ne profite
qu'aux gros patrons*. Le premier résultat de la coopération
a toujours été de provoquer à bref délai la baisse des
salaires. » Le président du syndicat de l'épicerie dit :
« Puisque les socialistes sont les seuls qui veulent bien
prendre en main notre cause, c'est à nous d'aller immédiatement à eux. Votez tous pour le citoyen X, qui connait
nos souffrances, qui est capable de soutenir nos revendications et de les faire triompher.» Ce citoyen qui devait être
« un digne représentant » de l'épicerie ne fut pas nommé,
parce que 400 électeurs socialistes ne votèrent pas au
scrutin de ballottage. — N. N. Ce candidat était A. Lefebvre
de la *Lanterne*, qui a été battu aux dernières élections
parisiennes par M. Auffray ; il avait contre lui deux candidats ouvriers (dont l'un est aujourd'hui conseiller municipal à Paris) ; il fut vigoureusement soutenu par le groupe
socialiste de la Chambre... et aussi, prétendirent les amis
de M. Barrès, par de gros capitalistes.

Les syndicats peuvent exercer une grande influence sur les coopératives, en les commanditant, surtout au moment de leur formation : il dépend d'eux de les animer de l'esprit prolétarien, de les empêcher de se transformer en simples économats, de faire disparaître tout ce qui rappelle l'association capitaliste. Ce qu'il est essentiel d'obtenir, c'est que les coopératives développent dans la classe ouvrière des notions juridiques nouvelles : les notions de vendeur-acheteur, prêteur-emprunteur, sont celles qui dominent la vie des travailleurs dans leurs relations avec le boutiquier : qu'elles disparaissent pour faire place à des notions dérivant de la mutualité et de la solidarité. *(Voir note finale B.)*

Je trouve dans un livre de M. d'Avenel un détail qui paraîtra minime à plus d'un lecteur (1), mais dont l'importance me semble très grande. « Dans les statuts (de la Moissonneuse) votés en assemblée générale, *l'union libre* jouit des mêmes égards et confère les mêmes droits que le *mariage légal*. Au décès d'un sociétaire, dit l'article 15, sa veuve, *sa compagne,* ou ses enfants peuvent faire opérer le transfert à leur nom de son action ». Voilà bien un droit nouveau proclamé et appliqué, en opposition avec

(4) *Le mécanisme de la vie moderne,* 1re série, p. 211. (Colin, éditeur, 1896).

le droit ancien, et en opposition avec des parties de ce droit que l'on considère ordinairement comme fondamentales. Il n'est pas sans intérêt de rappeler ici que l'une des premières maniïestations du droit canonique primitif paraît avoir été le décret du pape Calixte, autorisant des *unions chrétiennes* dans des [cas où la loi impériale interdisait de *justes noces*.

V

Les trades-unions anglaises sont loin d'embrasser une fraction aussi considérable qu'on le croit souvent des classes ouvrières. Un directeur d'une compagnie de docks disait à l'un des collaborateurs de M. de Rousiers (1) :

« Le trade-unionisme comprend tout au plus un sixième ou un septième des travailleurs ; il n'y a pas lieu de se préoccuper outre mesure de ce que peut faire cette minorité. » Mais, observe l'auteur, comment se fait-il donc que les employeurs soient si embarrassés en temps de grève ?

(1) De Rousiers, p. 193.

« L'influence morale du trade-unionisme s'é-
tend bien au delà des 1,500,000 hommes environ
qui représentent sa force numérique ; ces
1,500,000 hommes représentent l'effectif de paix
de l'armée du travail. Il est heureux que les
non-unionistes prennent peu à peu l'habitude de
se ranger sous les ordres des chefs des Unions. »
Bien des personnes croient que les remarquables résultats obtenus en Angleterre justifient
l'idée de restaurer les corporations obligatoires ;
j'ai déjà dit que M. de Rousiers considère la corporation comme une forme économique vieillie,
incompatible avec les conditions de la grande
industrie moderne. De ce qu'on a obtenu d'excellents effets par l'organisation d'un nombre
considérable de travailleurs, il ne faut pas con-
clure que les choses iraient encore beaucoup
mieux en les organisant tous : les sophismes de
ce genre sont fréquents dans la science sociale
pratiquée par les débutants. Le succès des
trades-unions provient d'une sélection particu-
lière exercée dans le corps de métier : cette
sélection justifie, aux yeux de M. de Rousiers,
certains actes que l'on est habitué chez nous à
incriminer et à rapporter à la *tyrannie des syndicats.* Dans l'industrie du bâtiment les Unions
cherchent à exclure les non-unionistes des grands
chantiers et elles y arrivent assez généralement,
si bien qu'elles parviennent à englober la grande

majorité des travailleurs. Notre auteur apprécie ainsi ces mesures, passablement corporatives (2) : « Ramenée à ses justes proportions, la tyrannie des syndicats perd ce caractère terrorisant que lui prêtent complaisamment certaines imaginations ;. surtout elle n'est pas générale et elle s'exerce toujours sur un personnel extrêmement restreint et peu digne d'intérêt. » ·

Au degré de développement atteint par beaucoup de sociétés ouvrières, le principe nouveau n'est pas encore complètement dégagé des traditions corporatives ; aussi, je ne cite pas l'exemple des ouvriers du bâtiment comme un exemple irréprochable ; je veux seulement montrer que des actes assez contestables peuvent paraître justifiés par la capacité supérieure des syndiqués ; ceux-ci donnent (sans espoir d'avantages exclusivement personnels) leur temps et leur argent ; ils acquièrent ainsi le droit incontestable au gouvernement de leur groupe.

Il ne semble pas trop désirable que la propor-

(2) De Rousiers, p. 93. Il dit aussi qu'en Angleterre la notion de liberté « a la valeur d'une règle de bon sens qui pourrait se traduire ainsi : l'homme *honnête et capable* ne doit pas être entravé dans ses actions par l'incapacité des autres » (p. 90). Ce principe se traduit dans la législation anglaise par des usages qui nous choquent souvent : dans leur livre sur le *Régime pénitentiaire aux Etats-Unis*, de Tocqueville et de Beaumont écrivaient : « Ces lois ont, en général, tout prévu pour la *commodité* du riche et presque rien pour la *garantie* du pauvre. » (Appendice n° 7).

tion des syndiqués devienne extrêmement forte dans un métier, non seulement parce que la sélection est moins sévère, mais encore parce qu'alors l'esprit exclusivement corporatif se développe. On ne saurait, évidemment, poser aucune règle ; les proportions les plus avantageuses varient d'un corps de métier à un autre, suivant mille circonstances locales.

Nous nous trouvons en présence d'un principe vraiment nouveau, qui bouleverse toutes les idées que les théoriciens ont cherché à vulgariser depuis un siècle. *Le gouvernement par l'ensemble des citoyens* n'a jamais été qu'une fiction ; mais cette fiction était le dernier mot de la science démocratique. Jamais on n'a essayé de justifier ce singulier paradoxe d'après lequel le vote d'une *majorité chaotique* fait apparaître ce que Rousseau appelle la *volonté générale* (1) qui ne peut errer. Souvent, les écrivains socialistes, malgré leur mépris pour les utopistes du xviiie siècle, reproduisent l'idée de Rousseau : ils disent que l'Etat n'existera plus, parce que les classes ayant disparu, il n'y aura plus d'oppression dans la société et qu'alors l'administration publique représentera vraiment la collectivité. Ce sont des affirmations sans commencement de preuves. Rousseau, d'ailleurs, posait comme

(1) *Contrat social,* livre II, chapitre 3.

condition de son paradoxe la disparition de toutes brigues et factions : mais c'est une hypothèse terriblement invraisemblable ; car, en fait, l'histoire c'est l'histoire des factions politiques (2) qui s'emparent de l'Etat et y exercent leur petite industrie déprédatrice.

Ce que nous trouvons ici, n'est pas une nouveauté au point de vue strictement formel : la nouveauté réside dans le mode de sélection et dans le but de la sélection. Les groupements anciens étaient surtout politiques, c'est-à-dire constitués principalement pour la conquête du pouvoir; ils recueillaient tous les gens audacieux, n'ayant qu'une médiocre aptitude pour gagner leur vie par le travail (3). Les groupements nouveaux sont professionnels : ils ont pour base le mode de production de la vie matérielle et en vue les intérêts industriels ; ils sont donc susceptibles, d'après les principes du matérialisme histo-

(2) Parfois le gouvernement du parti organisé est crûment mis à nu, comme cela a eu lieu pour les Guelfes de Florence et nos Jacobins durant la période du gouvernement révolutionnaire.

(3) « Voyons-nous sur la carte d'un monsieur qu'il est député ? Aussitôt nous sommes prévenus contre lui : nous supposons que ce doit être quelque raté, échoué là faute d'avoir pu réussir dans la carrière où il était entré. *Et cela est quelquefois injuste...* Politiciens et littérateurs, occupés, ceux-là, à nous exploiter et ceux-ci à nous amuser, vivent pareillement en dehors de la nation. » (R. Doumic, *Débats,* 21 sept. 1897).

rique, de servir de support à la structure socialiste.

Ces explications étaient nécessaires pour justifier une résolution du congrès du parti ouvrier
français tenu à Romilly en 1895 : « Le congrès
se prononce en faveur d'une loi rendant obligatoires pour tous les ouvriers d'un même métier,
syndiqués ou non syndiqués, les décisions du
syndicat en matière de tarifs ou de salaires et,
en général, pour toutes les conditions du travail. ».
Ce vœu a passé à peu près inaperçu et on n'en
a guère compris la portée en France : il tend à
rendre légal ce qui est devenu la pratique des
syndicats anglais : il consacre le principe du gouvernement par les groupes professionnels sélectionnés, c'est-à-dire le nouveau principe politique
du prolétariat. A une égalité purement idéale et
utopique se substituerait *la juste et réelle égalité
organisée. (Voir note finale C)*.

Mais des principes de ce genre ne passent
point dans la pratique par de simples décrets ;
il faut que les syndicats prouvent leur capacité
juridique. C'est déjà beaucoup de pouvoir constater que le principe est clairement reconnu ; mais
il y a mieux encore : les syndicats sont entrés
en lutte pour conquérir, fragmentairement, les
nouveaux pouvoirs. Dans cette lutte, ils se trouvent en concurrence avec les pouvoirs constitués

en vertu des principes de la démocratie bourgeoise.

La démocratie ne tient guère à la liberté du
travail telle que la définissent les économistes ;
la coercition ne lui fait pas peur ; en général les
radicaux aiment assez à manier l'autorité ; ils
ont du goût pour la police et leur main n'est pas
légère. Il leur paraît tout simple que les difficultés économiques se règlent par la décision des
pouvoirs publics ; aussi accepteraient-ils volon-
tiers les corporations obligatoires régies par la
commune ; l'autorité municipale ferait des règlements généraux pour établir les conditions du
marché collectif (1).

Bien des personnes estiment que les bureaux
de placement devraient être municipalisés : actuellement ce n'est pas une industrie libre ; ce
sont des *offices*, tout comme les charges de com-
missaires-priseurs, de facteurs aux halles, etc.
On se demande s'il ne vaudrait pas mieux, tant
dans l'intérêt des ouvriers que pour éviter des
abus immoraux, changer le mode d'exploitation
de ces offices et faire faire leur travail par des
employés municipaux. Dans beaucoup de villes,
on a établi des bureaux de placement gratuit ;
la généralisation de cette mesure n'est pas pour
déplaire aux radicaux. Mais les syndicats ont

(1) C'est bien ce qu'on a essayé de faire pour Paris.

très bien compris que s'ils pouvaient obtenir l'administration des placements, cette conquête serait pour eux d'une grande importance, non seulement par l'autorité qu'ils auraient sur les travailleurs du métier, mais surtout parce qu'ils auraient arraché à l'autorité politique traditionnelle un lambeau de son pouvoir.

Il y a quelques années, on a créé des délégués mineurs pour suppléer à l'insuffisance de la surveillance administrative ; on a suivi pour leur désignation la vieille tradition démocratique ; on a laissé de côté les syndicats. Il en a été de même quand il a fallu organiser les caisses de retraite et de secours : on a fait appel à l'élection directe, au lieu de donner aux syndicats un nouveau champ d'activité. En fait, les syndicats s'efforcent de conquérir indirectement ce pouvoir de surveillance, en agissant sur les électeurs ; quand ils l'auront acquis d'une manière générale et indirecte, le législateur sera forcé de le leur reconnaître et de supprimer la fiction d'un vote inutile.

Tout le monde se plaint de la surveillance exercée sur les ateliers industriels ; les inspecteurs sont trop peu nombreux et leur bonne volonté (quand ils en ont) est détruite par l'inertie administrative ou même réfrénée par les pouvoirs publics. La solution des radicaux est très simple : multiplier les fonctionnaires, pour four-

nir des emplois aux intellectuels sans travail (1).
La solution socialiste est plus simple et plus
économique : charger les syndicats de faire faire
l'inspection ; on serait ainsi assuré que celle-ci
serait sérieuse et pratique.

Enfin, n'est-il pas évident que les syndicats
seraient bien plus aptes que les employés municipaux à s'occuper de toutes les questions d'assistance ? Là encore leur intervention serait plus
efficace et moins chère que celle des corps constitués.

Telles sont les premières conquêtes que peuvent poursuivre les syndicats dans le domaine
politique ; il faut qu'ils arrachent ces pouvoirs
petit à petit, en les réclamant sans cesse, en in-
téressant le public à leurs efforts, en dénonçant
sans relâche les abus, en montrant l'incapacité ou
l'improbité des administrations publiques. Ils
arriveront ainsi à enlever aux formes antiques,
conservées par les démocrates, tout ce qu'elles
ont de vie et ne leur laisseront que les fonctions
rebutantes de guet et de répression. Alors une
société nouvelle aura été créée avec des éléments
complètement nouveaux, avec des principes purement prolétariens. Les sociétés de résistance

______

(1) Quand il arrive un accident de chemin de fer, vite on
demande le renforcement du contrôle, la nomination de
nouveaux fonctionnaires ; le contrôle ne cesse pas de marcher de plus en plus mal, au fur et à mesure qu'on le ren-
force et qu'on le réorganise.

ciance étonnante dès qu'il est question de morale ; cela tient à ce qu'ils ont reconnu que les principaux remèdes proposés par les philosophes sont d'une faible efficacité. M. Durkheim écrit avec beaucoup de raison (1) : « Quand on dit d'une affection individuelle ou sociale qu'elle est toute morale, on entend d'ordinaire qu'elle ne relève d'aucun traitement effectif, mais ne peut guérir qu'à l'aide d'exhortations, d'objurgations méthodiques et en un mot par une action verbale... On ne voit pas que c'est appliquer aux choses de l'esprit les croyances et les méthodes que le primitif applique aux choses du monde physique. De même qu'il croit à l'existence de mots magiques qui ont le pouvoir de transmuter un être en un autre, nous admettons... qu'avec des mots appropriés on peut transformer les intelligences et les caractères... Nous pensons que si nous énonçons avec chaleur notre désir de voir s'accomplir telle ou telle révolution, elle s'opérera spontanément. »

M. de Molinari fait appel à l'influence religieuse (2) ; M. Durkheim la croit peu efficace (3) : « Quand elle n'est plus qu'un idéalisme symbolique, qu'une philosophie traditionnelle, mais discutable, *plus ou moins étrangère à nos occupations quotidiennes,* il est difficile qu'elle ait

(1) *Op. cit.,* p. 445.
(2) *Science et religion,* p. 201.
(3) *Op. cit.,* p. 431.

sur nous beaucoup d'influence ». L'éducation ne lui semble avoir aussi qu'une action bien limitée (1) : « Le milieu artificiel de l'école ne peut préserver (l'enfant) que pour un temps et faiblement. A mesure que la vie réelle le prendra davantage, elle viendra détruire l'œuvre de l'éducateur. »

On comprend que plus d'un socialiste, après avoir constaté, comme M. Durkheim, l'impuissance des méthodes que l'on préconise pour moraliser les peuples, soit arrivé à une conclusion sceptique et ait écrit que le monde futur s'arrangerait comme il pourrait. Sans doute, nous n'avons pas à déterminer ce qui existera plus tard : l'histoire n'a aucun moyen pour prévoir ; mais la question est posée pour le présent et elle est d'ordre urgent. Il faut reconnaître cependant qu'elle est mal posée : il ne s'agit pas de savoir quelle est la meilleure morale, mais seulement de déterminer s'il existe *un mécanisme capable de garantir le développement de la morale.*

M. Durkheim, cherchant quel mécanisme pourrait arrêter la désorganisation sociale que révèle l'accroissement continu du nombre des suicides, ne trouve de ressources que dans les groupements professionnels (2). « En dispersant

______

(1) *Op. cit.*, p. 428.
(2) *Op. cit.*, p. 439.

les seuls groupes qui pussent rallier avec constance les volontés individuelles, nous avons brisé *l'instrument désigné de notre réorganisation morale.* » — (1) « Puisque (la corporation) est composée d'individus qui se livrent aux mêmes travaux, dont les intérêts sont solidaires, ou même confondus, il n'est pas de terrain plus propice à la formation d'idées et de sentiments moraux. » Mais combien le syndicat n'est-il pas supérieur à la corporation, puisqu'il est formé d'une manière *pleinement volontaire,* que dans son sein la liberté s'organise, qu'il réunit ceux qui font, au plus haut degré, preuve de capacité productive, d'énergie intellectuelle et de *dévouement pour leurs camarades?*

Les collaborateurs de M. de Rousiers nous ont donné, dans le livre déjà si souvent cité, de nombreux témoignages du progrès moral réalisé sous l'influence du trade-unionisme. Les changements ont été très remarquables chez les dockers (2), bien que leur association ne soit pas des plus prospères ; beaucoup ont abandonné leurs habitudes d'intempérance et quelques-uns sont devenus même *teetotalers;* — les chefs des Unions se préoccupent beaucoup de combattre l'ivrognerie et notamment Knight (3),

(1) *Op. cit.,* p. 435.
(2) De Rousiers, p. 189.
(3) De Rousiers, p. 239.

les ecrétaire général des *shipbuilders;* — plusieurs des chefs importants des mineurs sont prédicateurs libres (1).

L'expérience a montré que la législation et la police officielle sont impuissantes pour arrêter l'alcoolisme : en Belgique, le parti ouvrier a compris qu'il y avait là une question de vie ou de mort pour le prolétariat et il a commencé une campagne très énergique contre l'alcoolisme. Il ne semble point impossible de réussir grâce à la surveillance incessante des camarades : aujourd'hui on va au cabaret par point d'honneur, pour faire comme les autres et se montrer bon frère ; il faut qu'on abandonne le zinc du bistro par point d'honneur. Ce n'est pas une chose au-dessus des forces des syndicats : mais pour qu'ils puissent remplir ce rôle, il faut qu'ils soient plus forts et plus disciplinés qu'aujourd'hui.

Deux autres problèmes non moins graves sont posés aujourd'hui : la protection de la femme contre son mari, la protection de l'enfant contre son père. Je n'ai aucune confiance dans la législation, l'inspection et la police : il faut que les ouvriers exercent eux-mêmes leur inspection et leur police : cela est relativement facile puisque la femme est une travailleuse industrielle et

____

(1) De Rousiers, p. 32.

qu'elle peut ainsi s'offrir à des syndicats qui lui donneront aide, quand son mari la traitera comme il ne voudrait pas que son patron le traitât lui-même (1). Par la femme, l'Union ouvre l'œil sur l'enfant, espoir du prolétariat, qu'il faut introduire très jeune dans les groupements socialistes.

C'est ici que nous voyons apparaitre encore l'importance des _bénéfits_ des vieilles trade-unions. La femme retirée de l'atelier reste membre d'un groupe ouvrier, prend encore part à ses délibérations, a des intérêts dans les caisses de secours instituées par le syndicat, et, par suite, a toujours derrière elle une force qui peut la soutenir. L'enfant peut être engagé dès son jeune âge si le syndicat a des formes variées pour venir en aide à ses associés, être surveillé à l'école et durant son apprentissage (2).

Ainsi, le syndicat se révèle, pour peu qu'on le

(1) Discours de Vandervelde déjà cité.

(2) La jeune fille travaillant, presque toujours, dans les ateliers, se trouve, tout naturellement, comprise dans les syndicats et elle peut y trouver une protection que l'organisation sociale est impuissante à lui donner. Observons ici que l'une des choses qui étonnèrent le plus les Romains de la décadence fut la vie des barbares Germains, qui avaient horreur des _institutions de prostitution._ Il y a des municipalités socialistes : ont-elles supprimé la police des mœurs et la traite des blanches ? Je ne le crois pas. Qu'ont fait dans le même ordre d'idées les municipalités dévouées aux intérêts religieux et ayant toujours le mot « _morale_ » à la bouche ?

considère avec tout son développement, comme une des plus fortes institutions pédagogiques qui puissent exister. *(V. note finale D.)*

CONCLUSION

Cette étude nous fournit une belle illustration des doctrines de Marx : les chefs du mouvement syndical ne connaissaient pas ses théories et, même le plus souvent, n'avaient sur le matérialisme historique que des notions confuses. Leur tactique a pu être parfois critiquable, parce qu'ils étaient obligés de faire l'apprentissage de la vie et que personne ne pouvait leur donner des conseils. Aujourd'hui, les choses sont assez avancées pour qu'il soit possible de se rendre compte du rôle que les syndicats sont appelés à jouer (1).

Nous voyons, aujourd'hui, d'une manière très claire, que le prolétariat ne peut s'émanciper de

(1) « Le communisme critique... voit et appuie (le mouvement prolétarien) dans la pleine intelligence du lien qu'il a, qu'il peut et qu'il doit avoir avec l'ensemble de tous les rapports de la vie sociale... Il est uniquement la *conscience* de cette révolution et surtout la conscience de ses difficultés. » (Labriola, p. 70).

toute exploitation en se constituant sur le modèle des anciennes classes sociales, en se mettant à l'école de la bourgeoisie comme celle-ci s'était mise à l'école de la noblesse, en adaptant à ses besoins nouveaux les vieilles formules politiques, en conquérant les pouvoirs publics pour s'en approprier le profit comme a fait la bourgeoisie en tous les pays.

Si, comme le dit Marx, les prolétaires ne peuvent s'emparer des forces productives sociales qu'en abolissant « le mode d'appropriation en vigueur jusqu'à nos jours »(1), comment peut-on admettre qu'ils puissent conserver la quintessence du mode d'appropriation bourgeois, c'est-à-dire les formes du gouvernement traditionnel ? Une pareille conclusion serait la négation de tout le matérialisme historique. Enfin, comment la différenciation des gouvernés et des gouvernants pourrait-elle disparaître s'il n'existe point dans la société des forces, longuement développées, capables d'empêcher le retour du passé ?

Vis-à-vis de l'Etat, l'action du prolétariat est double : il doit entrer en lutte dans les rapports actuels de l'organisation politique, pour obtenir une *législation sociale*, favorable à son développement ; — il doit user de l'influence qu'il acquiert soit dans l'opinion, soit dans les pouvoirs,

____

(1) *Manifeste*, p. 23.

pour détruire les rapports actuels de l'organisation politique, arracher à l'Etat et à la Commune,
une à une, toutes leurs attributions, pour enri-
chir les organismes prolétariens en voie de formation, c'est-à-dire surtout ses syndicats.

Le prolétariat doit travailler à s'émanciper,
dès maintenant, de toute direction qui n'est pas
interne. C'est par le mouvement et l'action qu'il
doit acquérir les capacités juridique et politique.
La première règle de sa conduite doit être :
« *rester exclusivement ouvrier* », c'est-à-dire
exclure les intellectuels dont la direction aurait
pour effet de restaurer les hiérarchies et de di-
viser le corps des travailleurs. Le rôle des intellectuels est un rôle auxiliaire : ils peuvent
servir comme employés des syndicats ; ils n'ont
aucune qualité pour diriger, aujourd'hui que le
prolétariat a commencé à prendre conscience de
sa *réalité* et à constituer son organisation
propre.

Le développement du prolétariat comporte
une puissante discipline morale exercée sur ses
membres : il peut l'exercer par ses syndicats, qui
sont appelés à faire disparaître toutes les formes
de groupement léguées par la bourgeoisie.

Pour résumer toute ma pensée en une formule, je dirai que *tout l'avenir du socialisme
réside dans le développement autonome des syndicats ouvriers.*

NOTE A *(Voir page* 29).

Grèves. — Conseils du travail

En 1898, il était inutile de s'arrêter longuement au problème de l'organisation légale des grévistes ; il suffisait d'indiquer que l'idée avait été émise ; il ne me semble pas encore possible de se faire une représentation un peu précise de ce que seraient, *en général,* la grève légale et l'arbitrage obligatoire, dont on recommence à parler.

J'admire l'assurance avec laquelle certaines personnes proposent de régler par arbitrage les conflits relatifs aux salaires. Il y a des cas où cela est possible ; c'est lorsque *les parties sont d'accord sur certaines bases,* — par exemple lorsqu'il s'agit d'assimiler des tâches nouvelles aux tâches anciennes, ou bien lorsqu'il s'agit de fixer les salaires des ouvriers du bâtiment en partant des conditions générales des prix dans une ville. Mais, personne n'a encore songé à imposer l'arbitrage aux locataires et aux propriétaires, pour forcer les uns ou les autres à prolonger des baux à des prix déterminés. Si l'Etat imposait l'arbitrage dans toutes les industries, comment pourrait-il refuser l'arbitrage à un de ses propres entrepreneurs (1) venant déclarer qu'il a perdu de l'argent dans l'exécution de son marché ? Enfin, si on pousse les choses jusqu'au bout, pourquoi ne pas brûler le Code civil pour le remplacer par un seul article de loi, disant que tous les différends seront soumis à des arbitres ? Cette loi simplifierait beaucoup les études dans les facultés de droit.

Je sais bien que rien n'est plus faux que d'exagérer ainsi les conséquences d'un principe et que tout est question de mesure; mais je n'avais pas d'autre intention que de montrer qu'une loi générale sur l'arbitrage est chose inintelligible. Pour le moment, Jaurès propose surtout l'organisation de la grève légale; la cessation du travail serait obligatoire, lorsque la majorité l'aurait votée; c'est cette seule question que je vais examiner avec quelque détail.

(1) L'Etat accepte la *résiliation* des marchés de travaux publics quand les prix subissent un changement tel que la dépense des ouvrages à exécuter augmente d'un sixième.

Je comprends parfaitement que le gouverne
ment serait bien à son aise si toute grève devait
être votée par la majorité des ouvriers ; les pré-
fets hésitent toujours à employer la force publique
pour appuyer la rentrée d'une faible minorité ;
leur responsabilité serait bien diminuée avec le
système soutenu par Jaurès ; ils sauraient quand
il faut assurer le fonctionnement de l'usine et
quand ils doivent s'abstenir.

On ne peut comparer le vote des ouvriers
consultés sur l'opportunité d'une grève avec
celui d'actionnaires appelés à décider la liquida-
tion d'une affaire : dans les sociétés anonymes,
qui marchent bien, les formes sont vides de toute
réalité et les assemblées générales sont tout
autre chose que l'expression de la volonté des
actionnaires ; les membres de ces réunions sont,
en majorité, porteurs de mandats fictifs. Une
société anonyme qui fonctionnerait avec un vrai
régime représentatif ne vivrait pas longtemps.

Les votes qu'émettent les citoyens en temps
troublés sont tout à fait incohérents ; Jaurès pourrait s'en assurer en lisant les affiches que les
conseillers municipaux nationalistes avaient
apposées à Paris cette année. Ce n'est pas en
temps de crise qu'on peut demander aux travailleurs de se prononcer sur des questions d'affaires ; ces questions doivent être discutées par
des délégués nommés en temps calme pour la

direction des intérêts permanents des groupes (1).

Le grand vice des grèves résulte de cette surexcitation des esprits ; la direction tend à échapper aux hommes qui ont longuement et péniblement organisé le syndicat, pour passer à des hommes nouveaux, qui sont beaucoup plus hardis, parce qu'ils n'ont pas acquis la pratique des difficultés de la vie réelle. En général, les associations formées dans les moments d'enthousiasme durent peu (2) et il est dangereux pour une association naissante de passer par l'épreuve des troubles qui mettent au premier rang les hommes sans expérience : je crois que c'est à cela qu'aboutiraient les projets préconisés par Jaurès.

D'ordinaire, une grève commence par une agitation due à une minorité ardente ; la majorité devient gréviste peu à peu, lorsqu'elle voit que la cessation du travail semble gêner le patron et peut l'amener à faire des concessions. Bien des fois la grève se généralise parce que des orateurs,

(1) Les plébiscites peuvent donner les résultats les plus grotesques. Nous avons vu celui des *Prévoyants de l'avenir;* beaucoup d'entre eux s'acharnent à vouloir être exploités par un groupe restreint de fondateurs.

(2) Le syndicat constitué au Creusot en 1899 a succombé presque complètement au milieu de l'année 1900. Il est vrai que l'organisation des délégués d'atelier, prescrite par la sentence Waldeck-Rousseau, le condamnait à l'impuissance et par conséquent à la mort.

que l'on suppose devoir être bien informés, sont venus annoncer des secours ou dire que le travail cessera sur d'autres chantiers (1). Le vote dépendra donc de beaucoup des circonstances et des impressions du moment.

Le syndicat se trouvera constamment sous le coup de la menace d'un plébiscite portant sur la question de confiance ; il devra employer tous les moyens qu'on emploie en temps d'élections, pour entraîner la majorité ; la *votation officielle* donnera à la grève toute l'allure d'une agitation électorale. Déjà les syndicats ne sont que trop enclins à faire appel aux professionnels de la plume et de la parole (2), parce qu'ils ne se sentent pas capables de conduire des masses émues. Il leur faudra, bien plus que par le passé, avoir recours à ces auxiliaires, qui prendront le premier rang. La politique deviendra ainsi prédominante dans l'organisation syndicale. Les syndicats sont trop faibles, en général, pour pouvoir supporter la concurrence des journalistes et des aspirants à la députation.

(1) Trop souvent cette solidarité n'arrive pas jusqu'aux actes.

(2) Les renseignements que les journaux socialistes fournissent sur les grèves sont d'ordinaire fort incomplets et trop souvent inexacts ; l'incompétence de ces rédacteurs est extrême ; mais ils ne prétendent pas moins tout gouverner. Au Creusot ce fut (d'après la *Revue politique et parlementaire*, mars 1900, p. 650) un ancien *courtier en huiles catholiques* qui persuada aux ouvriers de se mettre en route sur Paris ; c'était une idée bien dangereuse !

Si la grève est repoussée par la majorité, la minorité se soumettra-t-elle ? Pas toujours ; car il y a souvent autre chose que des contestations d'intérêts ; il y a l'idée révolutionnaire et parfois aussi un ardent désir de tirer vengeance d'injures longtemps supportées. Est-ce qu'un vote peut supprimer de pareils mobiles ? Il y aura donc des *grèves illicites*, tentées par la minorité ; et nous voilà revenus au régime antérieur à 1864 ! Les moyens qu'emploiera la minorité pour amener la cessation du travail deviendront des *manœuvres frauduleuses*, tombant sous le coup de l'article 414 ; ainsi, on n'aura pas besoin de faire une loi nouvelle pour réprimer les grèves tentées par la minorité (1). Je suppose que Jaurès accepte cette dure conséquence de ses idées, car il dit (2) que la *force de la loi* sera contre les grévistes : la force de la loi, ce sont les gendarmes, la police correctionnelle et la prison.

En attendant ces belles réformes, on a com-

______

(1) Il est même possible que la situation soit plus mauvaise pour les grévistes qu'avant 1864, car à cette époque le maximum de la prison était de trois mois, tandis qu'il est aujourd'hui de trois ans.

(2) *Petite République*, 1er novembre 1900 : « Les grévistes auraient contre eux, à la fois, la puissance du capital, le sentiment de leurs camarades et la *force de la loi.* » — La loi genevoise du 10 février 1900 *interdit les grèves;* l'article 18 punit « tout appel à la suspension partielle ou générale du travail en violation d'un tarif existant ». *(Bulletin de l'Office du travail,* juin 1900, p. 612.)

mencé à organiser des Conseils du travail, suivant les idées des cléricaux ; et cela me semble être une des plus malheureuses créations de ce temps.

Depuis quelques années, les grands chefs d'industrie commençaient à se dégoûter du *gouvernement patronal* et ils se renfermaient de plus en plus dans l'administration technique de leurs affaires ; ils avaient compris que le système soutenu par Le Play et les cléricaux offrait pour eux plus d'inconvénients que d'avantages. Le socialisme ne pouvait que gagner à cette libération des travailleurs.

Pour combattre le gouvernement patronal on pouvait trouver des auxiliaires parmi les économistes libéraux ; ainsi, M. Y. Guyot déclare que le chef d'industrie *n'a pas le droit* d'organiser une police à l'égard de ses ouvriers, et il trouve « particulièrement grave » qu'aux mines de Carmaux M. de Solages fasse dépendre les salaires des opinions des travailleurs. Il eût semblé naturel que Millerand essayât d'empêcher l'oppression cléricale, sans laquelle la police patronale est presque toujours impuissante.

L'institution des Conseils du travail change toute cette situation ; les capitalistes vont trouver intérêt à n'avoir dans ces assemblées que des hommes avec lesquels ils puissent facilement s'entendre, — parce qu'en temps de grève la composition des Conseils peut avoir une grande influence. Ils vont donc être amenés à faire de nouveau du gouvernement et pour cela à susciter la formation de *syndicats jaunes :* le vote se faisant par syndicat, ils chercheront à avoir une multitude de petites associations débiles et faciles à diriger. On aura réalisé une sorte de gouvernement représentatif, mais fondé sur la fraude et la corruption, quelque chose d'analogue au gouvernement bonapartiste.

Le cléricalisme va devenir plus puissant que jamais ; les catholiques sont passés maîtres dans l'art de fabriquer des syndicats d'esclaves ; partout où les capitalistes feront appel à eux, les Conseils du travail deviendront d'aimables clubs où l'on fumera des cigares ; voilà donc une prime énorme donnée au cléricalisme par un ministre de défense républicaine !

La tâche la plus urgente qui s'impose aux socialistes sera *d'entraver le fonctionnement de ces Conseils* et de ruiner leur autorité par tous les moyens possibles.

NOTE B *(Voir page 4)*

Coopération socialiste

Aujourd'hui on s'occupe beaucoup de la coopération socialiste ; un congrès s'est réuni cette
année à Paris pour étudier ce nouveau problème ;
et, d'après Marcel Mauss (1) il serait « arrivé à
une claire notion de ce qu'est une coopérative
socialiste » ; — je ne puis partager cette manière
de voir, et je crois que ce congrès n'a pas même
abordé la question. Il importe fort peu que l'assemblée générale vote l'adhésion aux partis politiques et qu'une somme soit prélevée en faveur
des caisses de ces partis. Pour que la coopération soit socialiste, il faut que son fonctionnement introduise des notions juridiques conformes

(1) *Mouvement socialiste*, 15 octobre 1900, p. 500.

aux idées socialistes : c'est ce que j'ai dit dans ma brochure et je n'ai rien à changer. Le judaïsme ne consiste pas uniquement dans le fait de manger de la viande qui a payé la taxe de boucherie juive ; le catholicisme ne se résume pas dans l'œuvre du denier de Saint-Pierre.

Les mesures signalées plus haut pourraient avoir de graves inconvénients : les questions politiques engendrent toujours des querelles et, sous prétexte de propagande, il faut prendre garde de développer le *prolétariat intellectuel* (1). Lorsque tout le monde est d'accord, comme en Belgique, les coopératives feraient bien de se substituer à leurs membres pour verser leurs cotisations au parti ; ce serait aussi une bonne mesure administrative de retenir sur les bonis les cotisations dues aux syndicats ; — pour prospérer, les coopératives doivent faire de la propagande ; c'est, pour elles, l'équivalent de la publicité ; qu'elles fassent, elles-mêmes, cette propagande, qui leur coûtera ainsi peu de chose.

Dans une coopérative socialiste, il est essentiel que la notion juridique des *profits* tende à s'évanouir ; il faut donc que la grande masse des bonis soit employée à des œuvres d'intérêt gé-

____

(1) Le congrès a fixé, il est vrai, la cotisation à *deux sous* par an et par membre ; ce n'est pas sérieux : la coopération est chose pratique et non matière à discussions byzantines.

néral et que l'on ne distribue que les sommes qui représentent l'épargne nécessaire pour le paiement de dépenses périodiques. Le *Vooruit* ne distribue jamais d'argent ; il donne des jetons permettant d'acheter des vêtements et autres marchandises dans ses magasins.

Là où les syndicats ne sont pas assez forts pour créer des institutions de mutualité, les coopératives doivent prendre leur place, comme le fait le *Vooruit* de Gand. Des caisses de chômage seraient bien utiles là où les ressources permettraient d'en instituer.

On a souvent signalé l'intérêt que présenterait l'emploi des bonis pour l'établissement de logements ; l'expérience a montré qu'il n'y a pas d'opération plus importante pour le progrès des travailleurs que l'amélioration de leurs logements. Il est manifeste que l'associé logé n'est pas avec ses camarades dans la relation juridique bourgeoise de locataire à propriétaire ; il y a là une situation qui ne rentre vraiment dans aucune des catégories juridiques existantes et il est important de la développer : on sait que les notions des rapports sociaux relatifs à l'habitation ont une influence très grande sur l'esprit.

Lorsque les coopératives deviennent riches, elles sont tentées d'aborder la production de certaines marchandises ; elles ne deviennent pas des sociétés de production, leurs ateliers (qu'on nomme à tort *ateliers coopératifs*) ne livrant, en effet, qu'à leurs associés. Elles ont alors des salariés ; ne deviennent-elles pas des entreprises capitalistes ? Leur œuvre ne sera pas socialiste par le seul fait que la direction sera bienveillante pour ses ouvriers : une rétribution exceptionnelle accordée à ceux-ci peut provoquer des jalousies et les chefs de l'administration peuvent être soupçonnés de vouloir se former un *parti électoral* pour se maintenir.

Ces ateliers sont fort à la mode aujourd'hui ; ils sont plus faciles à gérer que les coopératives de production, parce que les fautes commises ne sont pas aussi visibles, les objets fabriqués n'étant pas soumis à cette dure et vraie expertise qu'est la vente sur un grand marché (1). Mais aussi on doit se demander si ces ateliers ont une *valeur socialiste* quelconque; ils peuvent en acquérir une sérieuse dans le cas où le travail se fait suivant un système imité de la *commandite typographique*(2); nous sortons ainsi complètement du domaine du salariat.

(1) C'est aussi une des raisons qui font le succès des coopératives de consommation, qui sont d'ailleurs très faciles à gérer : on a souvent reproché à Marx d'avoir eu quelque dédain pour ces *boutiques*, c'est qu'il avait vu la très faible valeur de la coopération quand elle n'est pas englobée dans un vaste système d'institutions socialistes.

(2) On admet généralement que la *commandite* date de 1853 ; mais on n'a fait alors que perfectionner des usages plus anciens. Vidal écrivait (en 1846) que dans les journaux

Je n'ai guère besoin de rappeler que, suivant Marx, l'histoire sociale dépend bien davantage de la manière de produire que du résultat de la production. Les emplois que j'ai indiqués pour les bonis entrent bien dans le cadre des idées de Marx, parce qu'ils ont pour résultat de rendre les producteurs plus forts, de préparer un avenir plus puissant et d'assurer le progrès de la *machinerie humaine*.

De même qu'à la campagne les paysans s'unissent pour faire certaines transformations et expéditions (lait, beurre, fromage, etc.), de même les artisans des villes peuvent avoir en commun des ateliers pour faire tout ou partie de leur besogne ; ils conservent ainsi leur *particularité*, à laquelle ils tiennent souvent beaucoup et qui semble être, aujourd'hui, *nécessaire pour maintenir le talent manuel* chez les ouvriers artistes. Un auteur belge, M. Julin, a montré qu'à l'heure actuelle le *système des ateliers publics* a une grande importance. Lorsque ce système est appliqué par des coopératives, il a pour effet d'inculquer aux associés l'idée éminemment so-

les ouvriers se divisent le travail et reçoivent tous le même salaire, « sans trop compter les lettres et sans y regarder de trop près » (*De la répartition des richesses*, p. 445). Proudhon (en 1840) signalait que dans les imprimeries, si « le travail commence à devenir rare, compositeurs et pressiers se partagent le labeur » (*Œuvres*, tome Ier, p. 102). Il fait ressortir toute l'importance de cette pratique pour la formation d'un droit nouveau.

cialiste de la possession commune des instruments de production ; il est donc très recommandable — étant éducatif au point de vue juridique.

Les municipalités socialistes pourraient exercer une influence considérable sur le progrès de la coopération ; elles seraient ainsi dans leur rôle, car elles sont nommées pour faire avancer l'éducation des classes ouvrières et il n'y a pas de moyens éducatifs plus puissants que ceux que fournit la coopération. Il est très regrettable qu'elles ne s'efforcent pas de faire disparaître, autant que possible, le travail en régie pour le remplacer par le *travail en commandite.*

Il leur serait possible de créer ainsi de véritables et efficaces écoles du travail pour les adultes ; si la nouvelle loi sur les syndicats est votée, elles pourront confier beaucoup d'entreprises aux syndicats, alors qu'on hésiterait à fonder une coopérative destinée à durer quelques mois seulement. (1)

____

(1) Le danger des coopératives ouvrières est qu'une fois fini le travail en vue duquel elles se sont constituées, elles cherchent à se maintenir et sont amenées à solliciter des entreprises à des prix de famine, tout comme le font trop souvent les très petits patrons.

NOTE C *(Voir page 47)*

Syndicats obligatoires

Le principe des tarifs ne saurait entrer dans la pratique d'une manière uniforme ; il faudrait tenir compte de beaucoup de circonstances et notamment des conditions techniques. L'application serait facile pour les industries de l'alimentation ou du bâtiment, qui sont strictement locales et dans lesquelles l'esprit corporatif est demeuré si puissant. Il est désirable que les entrepreneurs prennent l'habitude, avant de traiter une affaire, de s'assurer du prix de la main-d'œuvre, comme ils s'assurent des prix des matières premières ; cela ne peut se faire que si les syndicats sont les représentants légaux des travailleurs et peuvent déterminer des tarifs obligatoires. Mais il leur faut quelque chose de plus que la force dérivant de la loi, il leur faut l'autorité morale imposant aux hommes l'obligation de faire du travail en rapport avec le tarif, en un mot de ne pas *flâner* et de ne pas *sabotter*.

Le droit de faire des tarifs n'est certes pas récent ; ce qui serait nouveau, ce serait l'existence d'un gouvernement technique, choisi par des travailleurs sélectionnés, ayant fait dans le métier des preuves d'intelligence, de capacité et de valeur morale. J'ai beaucoup insisté sur l'importance de cette sélection ; je suis heureux de voir un des économistes les plus savants de l'Europe, le professeur V. Pareto, arriver aux mêmes conclusions que moi (1) : il estime qu'à l'heure actuelle l'organisation syndicale produit une aristocratie nouvelle, c'est-à-dire un groupement des hommes les plus dignes de gouverner. Ce témoignage est important parce que l'auteur connaît l'industrie autrement que par ouï-dire, comme c'est le cas ordinaire des professeurs des facultés de droit.

On a souvent parlé de rendre les syndicats obligatoires ; ce serait détruire tout ce qu'a de socialiste l'institution syndicale, fondée sur la libre association de gens qui poursuivent des fins pratiques, prochaines et raisonnées (2) ; nous re-

____

(1) *Rivista italiana di sociologia*, juillet-août 1900, pp. 441-443.

(2) M. Pareto pense que les syndicats ont moins pour effet de changer les hommes que de donner à ceux dont les dispositions sont les meilleures, une occasion pour les manifester : les plus énergiques, les plus intelligents, les plus désireux de s'instruire se trouvent ainsi sélectionnés. Avec le syndicat obligatoire, plus de sélection et seulement une éducation lente et douteuse.

tomberions dans le chaos des groupements admi-
nistratifs, où le pouvoir dépend généralement des
gens les moins qualifiés comme producteurs, —
tandis que le socialisme s'efforce d'assurer l'administration des intérêts communs par les meilleurs producteurs. Il ne s'agit pas d'aller noyer
l'intelligence dans la masse des indifférents et
des badauds.

Pourquoi, d'ailleurs, jouer toujours sur les
mots ? Un syndicat obligatoire est un non-sens :
il n'y aurait pas plus d'association entre les électeurs des chambres syndicales officielles qu'il
n'y en a entre les électeurs du conseil de prud'-
hommes ; tout au plus l'association pourrait-elle
se traduire par un impôt nouveau sur les gens
d'un même métier et leur inscription sur un
même rôle par le percepteur,

On nous dit qu'il est naturel d'organiser le
travail sur le modèle de la commune ; mais le
socialisme, loin de vouloir transporter dans l'organisation du travail les procédés de la politique,
prétend réformer la politique en faisant diriger
la société par les associations formées pour produire èt, par suite, en introduisant partout les
principes qui régissent l'atelier bien organisé.

Les principes de l'atelier bien organisé n'ont
pas beaucoup varié, depuis les temps les
plus anciens ; le compagnonnage les avait affir-
més ; la franc-maçonnerie en avait fait les bases

de sa constitution et Proudhon les a admirablement exposés dans son livre sur la *Justice dans la Révolution et dans l'Eglise* (sixième étude): (1)

« L'apprentissage polytechnique et l'ascension à tous les grades, voilà en quoi consiste l'émancipation du travailleur. Apprenti, compagnon, maître : tel est notre vocation à tous. Hors de là, il n'y a que mensonge et verbiage. » Il y a *égalité progressive* dans l'atelier socialiste, comme dans la franc-maçonnerie; « tous sont appelés à la maîtrise, parce que tous sont frères ».

Dans les associations ouvrières les plus prospères (comme le familistère de Guise et l'ancienne maison Leclaire), on retrouve des divisions qui rappellent celles du compagnonnage et de la franc-maçonnerie; l'administration n'appartient qu'à un noyau d'anciens qui ont donné des preuves de leur capacité. L'une des causes principales de la faiblesse actuelle des syndicats est l'absence de toute différenciation à leur intérieur; je crois qu'ils gagneraient beaucoup à établir dans leur sein des degrés, de manière à ne confier le pouvoir qu'à des groupes de vétérans.

La représentation légale n'exige pas que tous les ouvriers soient électeurs ; cette représenta-

(1) Proudhon, *Justice*, t. II, p. 338.

tion est une délégation de pouvoir faite par la loi, en faveur d'une organisation dont la capacité a été éprouvée. C'est à l'expérience de faire connaître les limites entre lesquelles il est convenable de maintenir cette délégation.

Millerand a jadis défendu les syndicats qui ne s'étaient pas conformés à la loi du 21 mars 1884 ; il serait bien inspiré en faisant voter nn article additionnel à cette loi pour rendre aux syndicats la liberté dont ils jouissaient depuis 1868. Jamais il n'y aura assez de liberté dans le monde du travail ; aujourd'hui que les patrons vont avoir tant d'intérêt à soutenir les *syndicats jaunes* et à faire persécuter les groupes socialistes, il n'est pas inutile de réclamer le droit de s'organiser librement, sans les ennuis que suscite l'administration avec ses enquêtes intolérables.

Cette réforme n'aurait rien que de parfaitement logique, car, en général, notre législation reconnaît l'existence de plusieurs espèces de sociétés ; ainsi les associations syndicales, formées entre propriétaires pour l'irrigation et autres travaux d'amélioration, ou pour la défense de leurs terres, peuvent être libres ou autorisées ; les sociétés de secours mutuels peuvent être libres, approuvées ou reconnues comme établissements d'utilité publique. La loi attribue, naturellement, d'autant plus de droits à un groupement qu'il se soumet davantage au contrôle du gouvernement :

c'est du gouvernement que lui vient la délégation dès que le groupement cesse d'être simplement libre.

En 1884, on est sorti des principes ; on a fait une loi bizarre, qui ne donne aucune garantie aux gens qui peuvent avoir des affaires avec le syndicat, puisqu'elle ne renferme aucune clause sur la publicité des comptes et qu'elle permet aux associés de faire disparaître instantanément l'association en payant les petites cotisations de l'année. Le syndicat n'est ni une vraie société libre, ni une vraie société autorisée.

L'obscurité de cette loi ne doit pas surprendre quand on se reporte à ce qui a été dit dans la préface (p. xii), sur l'esprit qui animait alors M. Waldeck-Rousseau ; il s'agissait de créer des organisations ouvrières trop faibles pour pouvoir acquérir de l'indépendance et susceptibles de se laisser guider par la police. (1)

La situation politique actuelle est beaucoup plus grave que n'était celle de 1884 ; les partis réactionnaires acquièrent tous les jours une force plus grande ; c'est en s'adressant aux intérêts

____

(1) Cette appréciation n'est pas nouvelle chez moi et ne dérive points des faits actuels ; je l'avais émise il y a six ans déjà dans l'*Ere Nouvelle* (mars 1894, pp. 339-340). Je disais : « Cet essai n'a pas été heureux, parce que les gens chargés de faire l'application de la méthode manquaient d'habileté ; mais il semble que l'administration n'ait pas perdu tout espoir de réussir.

que la *Défense républicaine* peut espérer vaincre facilement ses ennemis ; mais les mesures d'intimidation ne suffisent plus ; il faut avoir recours à des moyens décisifs. Le syndicat obligatoire, *bien dirigé*, permettrait au gouvernement de devenir l'arbitre de tous les grands conflits.

Depuis que M. Waldeck-Rousseau est ministre, il n'a pas cessé de faire sentir l'influence gouvernementale dans les grèves si nombreuses qui se sont produites ; beaucoup de travailleurs. s'imaginént que le meilleur parti pour eux est de recourir au gouvernement ; depuis que Millerand est ministre, le prestige de l'autorité n'a cessé de s'accroître. Nous marchons rapidement au socialisme d'Etat, qui est la caricature du socialisme, à la dictature économique du parti de la *Défense républicaine.* (1)

(1) Parmi les actes curieux du gouvernement actuel, il faut citer les arrêtés pris par M. Baudin pour réglementer le travail des employés de chemin de fer. Désormais, les mécaniciens, chauffeurs, agents des trains, aiguilleurs sont réputés être *chargés d'assurer un service public* et s'ils ne l'assurent pas, ils commettent une contravention. Le droit de se mettre en grève se trouve donc supprimé pour eux en principe ; l'administration s'est ainsi arrogé le droit de leur imposer le travail.

NOTE D *(Voir page 58)*

Instruction populaire

Dans ma brochure je n'ai parlé que de l'action morale que peuvent exercer les syndicats ; mais, depuis quelques années, on se demande s'ils ne seraient pas appelés à prendre en main l'instruction des enfants du peuple. Au congrès des Bourses du travail, tenu à Paris au mois de septembre 1900, on a commencé à discuter cette question (1); il est assez remarquable que deux délégués seulement émirent l'avis que l'enseignement doit être monopolisé par l'Etat ; on n'examina pas comment les Bourses pourraient organiser l'école primaire socialiste, mais on en accepta le principe.

On a mille fois signalé le danger des doctrines enseignées par l'Etat dans les écoles primaires ; mais ce danger n'est pas, à mon sens, ce qui doit le plus attirer l'attention. Nous sommes, de plus en plus, un peuple de producteurs : le socialisme a pour but d'assurer l'administration du travail par les travailleurs : il ne peut donc se contenter de l'enseignement purement idéologique

(1) *Mouvement socialiste*, 15 novembre 1900, p. 625.

adopté par l'Etat. Le socialisme n'a pas pour but d'affranchir les ouvriers en les transformant en journalistes, en romanciers ou orateurs (1); il a pour but de ramener tout le monde vers la production ; il n'y a pas cent manières de produire ; il n'y en a qu'une ; il faut collaborer de quelque manière au mouvement de l'atelier. Toute occupation qui n'est pas *dépendante* du processus de la production, qui n'est ni du travail manuel, ni un auxiliaire nécessaire du travail manuel, qui n'est pas liée à celui-ci par le lien technologique, est un luxe qui, dans un régime socialiste, ne peut *réclamer* aucune rémunération ; elle ne se traduit par aucun *temps socialement nécessaire*.

L'Etat a fait de l'enseignement du peuple une réduction de l'enseignement donné à la bourgeoisie ; et ce dernier est imité de celui que donnaient jadis les Jésuites en vue de faire de beaux discours dans les salons. Aujourd'hui, il s'agit de tout autre chose que de savoir apprécier les poésies et les tableaux ; il faut produire et produire sans cesse. Il ne faut pas seulement *beaucoup* travailler, il faut savoir *bien* travailler ; il faut comprendre ce qu'on fait et être toujours aux aguets pour saisir la possibilité d'apporter quelque petit perfectionnement dans la manière de travailler.

(1) Presque toutes les femmes comprennent l'émancipation de cette manière ; elles aspirent à quitter l'aiguille pour la plume; c'est ce qui rend le féminisme si ridicule souvent... et si réactionnaire au fond.

Marx a dit (1) que la raison d'être du capitalisme est la coercition qu'il ne cesse d'exercer ; il « pousse instinctivement les hommes à développer les puissances productrices et les conditions matérielles qui seules peuvent former les bases d'une société nouvelle et supérieure. » Cette société sera libre au lieu d'être contrainte ; mais la liberté des hommes doit être préparée par la longue évolution qui, durant le régime capitaliste, les aura transformés en producteurs supérieurs. Pour assurer l'affranchissement futur, il faut donc amener les jeunes gens à aimer leur travail, à considérer tout ce qu'ils font comme une œuvre d'art qui ne saurait être trop soignée, à chercher l'intelligibilité de tout ce qui se passe dans l'atelier. Il faut les rendre à la fois consciencieux, artistes et savants, dans tout ce qui regarde la production.

On a erré longtemps, parce que l'on a cru, sur la foi de théoriciens, que la capacité technique des travailleurs importait fort peu à l'industrie moderne ; on a imaginé je ne sais quelle espèce de science mystique, grâce à laquelle tout le progrès se ferait en dehors des ateliers ; on en a conclu qu'il fallait cultiver ce que les marxistes appellent, avec dédain, *les idéologies.* On a donc dirigé l'enseignement du peuple comme s'il

____

(1) *Capital,* p. 259, col. 2.

ne s'agissait que de cultiver l'esprit d'un prolétariat intellectuel.

On prétendait, il y a quelques années, que l'avenir était à la *camelote* bon marché et qu'il était oiseux, désormais, de former des apprentis à l'ancienne mode. On commettait ainsi deux erreurs. Les Allemands ont cru au dogme de la *camelote* et l'Exposition de Philadelphie, en 1876, consacra le lamentable échec de l'industrie créée par eux après la guerre. Ils ont profité de l'expérience et ils font de sérieux efforts pour relever la valeur de leur production. D'autre part, s'il est absurde de conduire l'apprentissage comme on le faisait jadis, pour fabriquer des ouvriers enfermés dans une étroite spécialité, il ne faut pas croire que l'apprentissage doive céder le pas à une instruction abstraite, plus ou moins scientifique. L'expérience américaine montre qu'un habile ouvrier passe, très facilement, d'une profession à une autre, et que celui qui sait à fond un métier, peut réussir (1) dans beaucoup de métiers. Il est certain aussi que l'enseignement scientifique, quand il est basé sur un apprentissage manuel, est beaucoup plus aisé et plus fécond que dans les cas où il est mené d'une manière abstraite. Enfin, il est démontré que les enfants apprennent mieux et plus vite

(1) Marx l'observe déjà dans le *Capital,* p. 211, col. 1.

lorsque l'école ne comporte qu'une demi-journée consacrée aux études. Et Marx voyait (1) dans les idées d'Owen le germe de l'éducation de l'avenir, qui unira le *travail productif* (2) avec l'instruction et la gymnastique.

Malheureusement, presque tous les pays qui se piquent de *libéralisme*, ont adopté un système d'instruction populaire destiné à dégoûter les enfants du travail manuel ; d'après M. Filon (3) l'ancienne supériorité de l'Angleterre est fortement menacée par suite de cette aberration ; il faudrait être aveugle pour ne pas voir que chez nous bien de nos grandes industries périclitent faute d'un bon apprentissage. C'est pourquoi il me semble que les syndicats pourraient utilement intervenir pour lutter contre les tendances déplorables de notre instruction idéologique, qui dégrade les enfants du peuple, puisque, les rendant impropres à devenir de forts travailleurs, elle les rend incapables de marcher dans la voie de l'émancipation.

Laissons les vanités de l'instruction idéologique au prolétariat intellectuel et attachons-nous à une tâche vraiment socialiste, à la production de producteurs capables de se conduire dans l'atelier.

(1) *Capital*, p. 209, col. 2.
(2) Je souligne ce terme, car l'apprentissage doit être un vrai travail et non un sport scolaire.
(3) *Débats*, 10 janvier 1900.

TABLE

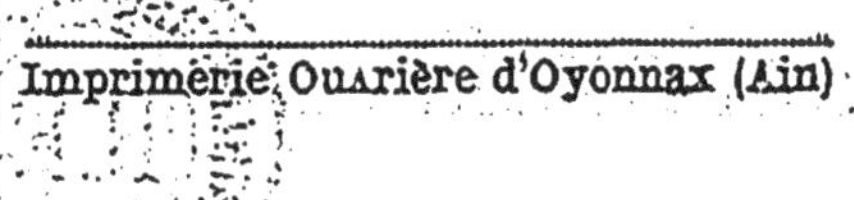